Für meine Mütter und Väter

»Die Schlangenfrau« schildert Shani Kangagas Initiationsweg zur Medizinfrau und ihre magische Reise in die Ahnenwelt.

Nachdem Shani Kangaga mit neunzehn Jahren das erste Mal nach Kenia gereist ist, um ihren leiblichen Vater – einen Medizinmann – zu finden, beschließt sie trotz erfolgloser Suche nach ihm, tiefer in die Welt ihres Vaters einzutauchen.

Sie verlässt ihr Zuhause in Wien und zieht in den Busch nach Kenia, um ein traditionelles Leben zu führen. Dort wird sie von einem Medizinfrauenbund der Mijikenda, einem Stamm an der Küste Kenias, aufgenommen und erfährt ihre eigene Initiation zur Medizinfrau.

Bei der traditionellen Heilerin und Medizinfrau Mama Fatuma beginnt Shani Kangagas lebensverändernde Lehrzeit. Mama Fatuma „adoptiert" sie und weiht sie in die Geheimnisse der afrikanischen Magie und Heilkunst ein. Shani Kangaga lebt ein traditionelles Leben im Einklang mit den Ahnen und der Natur.

Die Entwicklung der jungen Frau zu einer starken Medizinfrau wird mit zum Teil erschütternden und tiefen Einsichten in das Leben, von dem Vertrauen in die eigene Kraft und von der magischen Weltsicht der Heiler und Heilerinnen begleitet. Shani Kangaga bewältigt mittels traditioneller Riten und Zeremonien ihre inneren Ängste und Zweifel und geht durch herausfordernde Prozesse. Ihre Geschichte ist abenteuerlich und offenbart zugleich einen authentischen Einblick in die schamanische Weisheit und in die geheimnisvolle Welt der großen Heiler in Kenia.

SHANI KANGAGA

Die Schlangenfrau

EINE JUNGE FRAU AUS EUROPA TRITT
IHR AFRIKANISCHES ERBE AN

Bibliografische Information der Deutschen Nationalbibliothek:
Die Deutsche Nationalbibliothek verzeichnet diese Publikation
in der Deutschen Nationalbibliografie; detaillierte bibliografische
Daten sind im Internet über http://dnb.dnb.de abrufbar.

1. Auflage
Deutsche Erstausgabe Juli 2018
© 2018 Shani Kangaga
Alle Rechte vorbehalten.

Lektorat und Korrektorat: Asta Hemmerlein
Zeichnung Schlangenfrau (Titelbild): Paula Redhead
© Cover- und Umschlaggestaltung: Markus Maciak
Buchsatz: Sarah Buhr / www.covermanufaktur.de unter
Verwendung einer Grafik von Vector FX / shutterstock.com

Herstellung und Verlag:
BoD – Books on Demand,
Norderstedt

ISBN: 978-3-7528-8051-9

www.shani-kangaga.de

Vorwort

Bei den *Mijikenda*, einem von vielen Stämmen an der Küste Kenias, bedeutet das Wort *Mganga* so viel wie *Medizinperson*. Damit ist jedoch noch lange nicht klar, welche vielfältigen Möglichkeiten und Aufgabenbereiche eine Medizinperson hat und ausübt.

Eine Medizinperson kann zum Beispiel ein Heiler, ein Heilpflanzenkundiger oder ein guter Geschichtenerzähler sein. Ein Schamane ist eine Medizinperson. Eine Medizinperson muss aber nicht gleichzeitig ein Schamane sein.

Die *Mijikenda* haben einen weiblichen und einen männlichen Medizinweg. Medizinfrauen und Medizinmänner in diesem Kulturkreis erhalten somit unterschiedliche Ausbildungen. Letztere werden auch Initiationen genannt. Ich erhielt die Ausbildung zur Medizinfrau.

Die Initiation ist keine Prüfung, wofür eine Arbeit zu schreiben ist mit anschließender Benotung und überreichtem Diplom. Sie ist keine Examensform der westlichen Kultur. In den Selbsthilfebüchern der westlichen Kultur zum Thema *Initiation* werden die jeweiligen Riten als einfach zu durchschreitende Prozesse beschrieben.

Doch kämen diese weisen Menschen in die Situation wie ich damals in Kenia: hart auf hart …, vielleicht würden sie zum Teil nicht anders reagieren, als ich es getan habe.

Keiner meiner Prozesse war einfach. Wovon dieses Buch handelt.

Meine Prüfer sind keine Menschen, sondern die Ahnen, und der Test ist manchmal lebensgefährlich und kann den Verlust von Kraft oder auch den Tod bedeuten.

Die Initiation ist kein wetteiferndes Symbol, sondern ein Geschenk, welches den Menschen dienen soll. Derjenige, der die Prüfung der Ahnen besteht, trägt die Verantwortung, sein Wissen dem Bittenden im bestmöglichen Sinne zur Verfügung zu stellen.

Die Initiation ist ein Übergang von einer Bewusstseinsstufe zu einer anderen, von Nichtwissen zu Wissen. Sie bedeutet für den Geprüften die Einweihung in die Geheimnisse einer bestimmten Personengruppe: in meinem Fall des *Medizinfrauenbundes* der *Mijikenda*.

Als ich mit neunzehn Jahren das erste Mal nach Afrika ging, um meinen leiblichen Vater - einen Medizinmann - zu suchen, begab ich mich auf unbekanntes Terrain. Ich hatte keine Ahnung von Initiationen, von Stammesleben oder von irgendeiner der Aufgaben, die mich erwarteten. Mein Wille galt dem Finden meines Vaters. Doch wie das Schicksal es wollte, fand ich ihn nicht. Stattdessen stieß ich auf eine Welt, die mich verschlang, in ihren Bann zog und als vollkommen anderes Wesen wieder ziehen ließ. Es war die Welt meines Vaters, die Welt meiner Ahnen.

Als Kind besuchten mich die Ahnen und Geister und als Jugendliche drängten sie mich weiter. Als ich schließlich nach Kenia zog, gaben die dort gefundenen Aufgaben meinem Leben einen Sinn. Ich hatte eine Perspektive für mein Leben gefunden: etwas, das ich tun sollte, ein Leitbild, ein Leitgedanke. Ich hatte meine Medizin bekommen.

»Nicht du hast entschieden, sondern die Ahnen wollten es so«, sagte damals meine afrikanische Lehrerin Mama Fatuma.

Dies ist nun meine Geschichte, mein Initiationsweg, der sich auf so vielen Ebenen abgespielt hat. Mein Dank gilt meinen Ahnen und meiner Lehrerin Mama Fatuma, deren Segen ich für dieses

Buch bekommen habe. Ich wurde reich mit Wissen beschenkt, musste durch schmerzvolle Prozesse gehen, um letztendlich in meine Kraft zu kommen und die innere Weisheit meines Herzens in meinem Leben zu leben.

Ich möchte – und dies ist eine weitere Aufgabe – diese Geschenke und dieses Wissen weitergeben und der Leserin und dem Leser Hoffnung, Mut und Freude bereiten.

Die Informationen in diesem Buch sind keine genaue Wiedergabe eines Stammessystems, sondern meine persönlichen Erfahrungen mit den *Mijikenda*, die mich aufgenommen haben. Ein Medizinfrauenbund *adoptierte* mich als ihre Tochter. Ich bin nun für immer ein Teil von ihnen.

Da ich niemals zuvor ein traditionelles Leben geführt hatte, war ich aufs Strengste bedacht, in der Rolle der Schülerin aufzugehen. Meine westlich geprägten Weltansichten beziehungsweise das Wissen meiner kulturellen Herkunft ließ ich, soweit es ging, zurück, um mich wie ein Kind in die Arme von Mama Afrika fallen zu lassen. So hatte ich Einblick in ein Leben im Einklang mit der Natur und unseren Ahnen wie auch in die tiefsten dunklen Ecken meines Seins, die Erleuchtung finden wollten.

Und da sehe ich dieses Bild von diesem alten, großen Baum, der seine Wurzeln ganz tief in der Erde hat und ist. Und ich sehe hinauf, ganz hoch zu den Blättern und »entdecke«, dass es keine Blätter sind, sondern viele kleine, flinke, bunte Vögel, die durch die Lüfte kreisen.
Und ich frage mich, was dieses Baum-Wesen wohl ist. Und ich kann es nicht herausfinden, nur staunen. Und ich gebe ihm einen Namen: leuchtender Stern.
(Philipp Stary 2001)

Die Spirits

Meine Reise nach Kenia lag zwei Tage zurück. Es war ein heißer Julitag in Wien und ich saß im Schneidersitz am offenen Fenster auf meinem Bett. Mein Rücken lehnte an der kühlen weißen Wand und die Nachmittagssonne schien durch mein großes Schlafzimmerfenster herein.

Eigentlich wollte ich jenes Buch in meiner Hand lesen, dessen Absatz ich zum dritten Mal begonnen hatte. Doch meine Gedanken kreisten fortwährend um Afrika.

Schließlich klappte ich das Buch genervt zu.

Kleine Staubpartikel wirbelten in der Luft auf, als ich mich vom Bett erhob und in die Küche ging, um mir ein kaltes Glas Wasser einzuschenken.

Ich nahm einen Schluck und dachte nach.

Einen Monat war ich in Afrika gewesen, um dort meinen leiblichen Vater zu finden. Die Suche nach ihm gestaltete sich schwieriger als zunächst angenommen. Ich hatte einfach zu wenig Informationen über ihn gehabt: weder Name noch Adresse.

Schließlich machte ich mich unter Schmerzen mit dem Gedanken vertraut, dass er möglicherweise schon gestorben war. So sehr hatte ich mir gewünscht, meinem Vater zu begegnen. Doch ich musste nun den Tatsachen ins Auge blicken und erkennen, dass ich ihm wahrscheinlich niemals begegnen werde.

Mit meiner ersten Afrikareise war ich einem Traum gefolgt, und noch immer ließ er mich, einem Geist gleich, nicht in Ruhe.

Die Reise hatte mich inspiriert und verändert, aber vor allem neugierig gemacht. Ich wollte mehr über meine afrikanischen Wurzeln erfahren, mich intensiver einlassen auf ein Leben, das so reich an Traditionen und Wissen ist. In Afrika spürte ich die Anwesenheit meiner Vorfahren. Sie sahen auf mich, deuteten auf etwas, das ich noch nicht verstand oder nicht verstehen wollte und konnte.

Afrika übte auf mich eine Faszination aus. Ein Ort, wo Mythen, Magie und alltägliches Leben noch ineinanderflossen. Die warme Erde unter meinen Füßen, die rot glühende Sonne, wenn sie unterging, die lachenden Gesichter der Kinder, die laut schreienden Händler am Straßenrand, der Geruch von Feuer, die aufrecht gehenden Frauen, wenn sie ihre schwere Last auf dem Kopf balancierten - dies alles sah ich bildlich vor mir, als ich in meiner Küche die Augen schloss und mein Wasser trank.

Ich musste etwas tun, ich musste eine Entscheidung treffen. Etwas in mir wollte sich verändern, wusste aber noch nicht wie. Und obwohl ich in Österreich aufgewachsen war, fühlte ich mich fremd in meinem eigenen Land und sehnte mich zurück in den Schoß von Mama Afrika. Mein Herz schrie förmlich in den weiten Kosmos hinaus, doch ich fand keine Antwort. Nur kalte, schweigende Unendlichkeit starrte mich an.

Einige Tage später beschloss ich, nach Deutschland zu fahren. Ich nahm den Nachtzug nach Hamburg und wollte mich dort mit meiner Freundin Mia treffen, die ich ein Jahr zuvor in Mexiko kennengelernt hatte. Eine schöne und hochgewachsene Frau.

Als ich in der Früh am Bahnhof ankam, fielen wir uns glücklich in die Arme. Mia trug ihre langen blonden Haare offen und wie immer funkelten mich ihre grünen katzenartigen Augen fröhlich an. Sie sah einfach umwerfend aus. Ich war sehr dankbar für unsere Freundschaft und hoffte, dass mir unsere Gespräche mehr Klarheit bringen würden. Ich brauchte Antworten auf meine vielen Fragen.

Schnell warf ich meine Reisetasche auf Mias Autorücksitz und wir fuhren zu ihr nach Hause. Ich war etwas erschöpft von der langen Reise, konnte es aber kaum erwarten, ihr von Afrika zu berichten.

Als wir in ihrer kleinen Wohnung ankamen, machten wir es uns auf dem Balkon gemütlich. Wir saßen auf ihren Sonnenstühlen und hatten einen reichlich gedeckten Frühstückstisch.

»Hier, ich habe uns leckere Brötchen vom Bäcker geholt.« Mia reichte mir den Brotkorb. »Erzähl schon und spann mich nicht weiter auf die Folter. Wie war Afrika?« Mia klatschte vor Ungeduld in ihre Hände und grinste mich an.

»Hm, wo soll ich bloß anfangen? Es war sehr aufregend und ich habe wahnsinnig viele Menschen kennengelernt, außer meinem Vater.«

»Ist das in Ordnung für dich? Bist du sehr enttäuscht?«, fragte meine Freundin und sah mich besorgt an.

»Ich weiß es nicht. Natürlich bin ich enttäuscht, dass ich ihn nicht gefunden habe, aber ich bin auch nicht traurig. Die Reise hat mich irgendwie verändert.«

Ich griff nach der Marmelade und strich etwas auf mein Brot. Während ich überlegte, wie ich Mia verdeutlichen könne, was in mir vorgehe, nahm ich einen großen Bissen und schloss beim Kauen genüsslich die Augen.

»Weißt du, ich bin wirklich glücklich, hier zu sein. Nach den ganzen Strapazen in Afrika habe ich mich sehr nach einem ruhigen Ort gesehnt«, sprach ich mit vollem Mund. Ich sah Mia entschuldigend an und schluckte runter. »Und obwohl es bei dir gemütlich ist, fühle ich mich innerlich so unruhig. Ich weiß nicht, was ich tun soll. Soll ich zurückfahren nach Afrika, um den Weg meines Vaters zu gehen und die Schülerin einer Medizinperson zu werden? Oder sollte ich den sehnlichsten Wunsch meiner Mutter und meines Ziehvaters befolgen und in Wien studieren? Meine Eltern wollen schließlich, dass aus ihrer Tochter etwas wird.«

Meine letzten Worte betonte ich würdevoll und ahmte den sorgenvollen Blick meiner Mutter nach. Mia und ich grinsten uns an, wurden aber dann wieder ernst. Seit Afrika fand ich keine Antwort auf diese Fragen und meine Gedanken quälten mich. Ich fühlte mich vollkommen aufgewühlt. War ich denn schon bereit, einen solchen Schritt zu wagen? War ich bereit, den Weg einer Medizinfrau zu beschreiten?

Ich erzählte Mia jede Einzelheit meiner Reise. Nur kurz unterbrachen wir unser Gespräch, um unsere Brote und das frische Obst zu essen oder wieder Tee zu kochen. Gespannt hörte meine Freundin zu und erst zur späten Mittagsstunde war meine Geschichte zu Ende erzählt.

Ich beschloss meine Sachen im Schlafzimmer auszupacken, während Mia noch schnell etwas einkaufen ging. Sie hatte eine schöne helle und aufgeräumte Wohnung und im Wohnzimmer war in einer Ecke des Zimmers ein großer Altar aus Birkenzweigen aufgestellt. Auf ihm standen Statuen, Steine und Kraftgegenstände aus aller Welt, vor allem aber aus Mexiko.

Mia war weit gereist und hatte viele kraftvolle Orte und Heiler und Hüter der Erde besucht. Ich setzte mich vor den Altar und entzündete ein paar Salbeiblätter, um mich mit dem wohlriechenden Rauch zu reinigen. Schließlich meditierte ich einige Stunden und betete zu Mutter Erde, damit ich meine innere Ruhe wiederfände.

Als der Tag langsam zur Neige ging, saßen Mia und ich wieder auf ihrem Balkon. Sie hatte uns einen Salat gemacht und dazu köstliche Spaghetti mit Pesto gekocht.

»Lass es dir gut schmecken, meine Liebe«, sagte Mia.

»Ja, danke, ich habe wirklich Hunger«, antwortete ich.

»Ah, bevor ich es vergesse, ich kann dir vielleicht helfen. Ich habe einen Lehrer. Ein Medizinmann. Er heißt Strong Bear und ist zurzeit hier in Deutschland. Er kommt aus den USA. Wir können ihn morgen besuchen gehen, vielleicht kann er dir weiterhelfen. Du musst ihm nur Tabak mitbringen, denn er lebt nach der indianischen Tradition.«

Ich wusste, dass eine Medizinperson von jedem Besucher ein Geschenk erwartete, wenn dieser um etwas bitten möchte. Nimmt sie die Gaben an, *muss* sie dem Bittsteller helfen.

»Ich bin wirklich gespannt und freue mich darauf, deinen Lehrer endlich kennenzulernen«, sagte ich zu Mia.

Mias Vorschlag versetzte mich augenblicklich in helle Vorfreude. Vielleicht war dieses Treffen das fehlende Puzzleteil und ich könnte danach klarer sehen, was zu tun wäre. Mia und ich unterhielten uns noch lange über die weisen Lehrer dieser Welt, über Mutter Erde und über unsere Träume. Die Sonne glühte noch einmal vor dem Horizont auf, bis sie schließlich versank und der späte Abend über uns hereinbrach. Das Vogelgezwitscher wurde leiser, bis es schließlich verstummte und einige Zikaden im Hof anfingen, ihr Nachtlied zu trällern. Der Mond tauchte auf und spendete der Stadt sein kühles Licht.

Mia hatte nach dem Essen eine Matratze und ein paar Decken auf den Balkon gelegt. So konnten wir es uns gemütlich machen und draußen übernachten. Eine ganze Weile saßen wir ruhig und still nebeneinander. Schließlich entschieden wir eine kleine Zeremonie durchzuführen, da meine innere Unruhe wieder wuchs. Mia bereitete schnell alles dafür vor.

»Shani, leg dich hier hin«, bat sie mich.

Dann hielt sie eine Räucherschale in der Hand und der Duft von verbranntem Salbei durchdrang die Luft.

»Ich spüre leichte stechende Schmerzen in meiner Brust«, sagte ich, »obwohl ich absolut keine physischen Probleme habe. Seltsam, was könnte das bedeuten?« Ratlos blickte ich Mia an.

»Ich weiß es nicht. Aber über diese Zeremonie wirst du Klarheit bekommen. Dann wirst du wissen, was dir fehlt«, antwortete sie.

Ich willigte ein, legte mich flach auf den Rücken und schloss die Augen. Davor bereits hatte ich regelmäßig und jedes Mal sehr lange meditiert, weshalb es mir nicht schwerfiel, den Atem zu kontrollieren und ihn ruhig fließen zu lassen.

Mia holte noch mehr Salbei und zündete ihn an. Ein süßer Geruch entstieg der Räucherschale und umfing uns wie einen sanften Schleier.

Ich sog den milden Duft des Salbeis ein und wartete, bis Mia zunächst ihren Körper und schließlich meinen geräuchert hatte. In Gedanken rief ich die Kräfte der vier Himmelsrichtungen und betete um ihren Segen und ihren Schutz. Dann konzentrierte ich mich wieder auf meinen Atem, darauf bedacht, mit der Nase ein- und mit dem Mund auszuatmen. Es dauerte nicht lange und ich fiel in eine leichte Trance.

Damit begann meine innere Reise.

Ich befand mich direkt in meiner rechten Brustseite und konnte den Punkt erkennen, der mich schmerzte. Irgendetwas bewegte sich dort, doch ich sah nur verschwommene dunkle Konturen. Ich näherte mich der Stelle und nahm schließlich die Umrisse einer Person wahr. Ein Mann in einem schwarzen Umhang stand gebeugt vor mir, auf seiner Schulter saß ein Rabe. Sein Gesicht war von einer dunklen Kapuze verhüllt.

Verwundert über diese Begegnung, starrte ich ihn an.

»Wer bist du?«, war das Einzige, was ich hervorbrachte.

Langsam drehte sich die Gestalt zu mir, sodass ich direkt in ein altes Gesicht blicken konnte. Nun sah ich die stechenden, grauen Augen des Mannes, deren Blick wissend und weise auf mir ruhte. Ich wurde nervös.

»Ich möchte deinen Körper, um zu heilen«, sagte der Unbekannte.

Verwirrt wollte ich weitere Fragen stellen. Doch plötzlich fing alles an sich zu drehen. Ich verlor die Orientierung. War es der Raum, der sich drehte, oder wirbelte ich umher wie eine Wilde?

Eine raue, starke Hand packte mich. War es der mysteriöse unbekannte Alte, der nach mir griff? Wollte er mich verwirren?

Die Hand schleuderte mich kräftig umher … jemand stieß mich … die Hand stieß mich … ich verlor das Gleichgewicht … der Mann mit dem Raben stieß mich und ich fiel in einen bodenlosen schwarzen Abgrund. Schrecken erfasste mich, denn ich verlor jegliche Orientierung. Ich wusste nur, dass ich fiel und dass dieser Zustand kein Ende fand. Ängstliche Fantasien ergriffen von meinem Verstand Besitz. Mein Körper wurde steif und kalt. Unsanft landete ich in einem dunklen schwarzen Raum. Nichts als Dunkelheit umhüllte mich.

»Zünde eine Kerze an, damit du etwas siehst«, hörte ich eine leise Stimme zu mir sprechen.

Meine Finger tasteten panisch im Dunkeln umher und tatsächlich fand ich nach kurzer Zeit direkt neben mir auf dem kühlen Boden eine Kerze und sogar ein Feuerzeug. Ich zündete die Kerze an und sah mich um. Das fahle Licht erhellte nur schwach den Raum, doch ich konnte erkennen, dass ich mich in einer Gruft oder alten Grabkammer aufhielt. Überall lagen Skelette und Totenschädel umher. Mir grauste es und nackte Angst packte mich. Ich stand auf und suchte panisch einen Weg aus diesem Raum heraus, aber ich fand weder eine Tür noch ein Fenster.

Unsicher setzte ich mich im Schneidersitz in die Mitte des Raumes. Eine innere Kraft bewog mich dazu, die Augen zu schließen und in einen tiefen meditativen Zustand zu fallen. Ich war nicht mehr ich selbst, sondern hatte das Gefühl, eine Hohepriesterin zu sein, der eine Prüfung bevorstand. Eine Schlange kroch meinen Rücken hinauf. Sie bewegte sich geschmeidig über meinen Körper und legte sich dann sanft zwischen meine Beine. Durch die Meditation wurde ich ruhiger und ich öffnete wieder meine Augen.

Auf einmal flog ein weißes, durchscheinendes Gesicht an mir vorüber. Gefolgt von noch einem und noch einem. Einige Gesichter hatten auch einen Körper, wobei ich deren Gliedmaßen nur schemenhaft erkennen konnte. Es kamen immer mehr Geistwesen aus dem tiefschwarzen Nichts hervor. Sie streiften meinen Körper und bei jeder ihrer Berührungen lief mir ein kalter Schauer über den Rücken.

Die Situation geriet außer Kontrolle. Ich war gefangen und mein Herz fing an, wie wild zu rasen. Ich wollte nur noch weg von hier.

Durch einen Schleier versuchte ich Mia zu erreichen. Ich erklärte ihr meine Situation und tatsächlich kam sie mir zu Hilfe.

»Gut, Shani, bewahre deine Kontrolle. Ich werde dein Krafttier, den Bären, rufen, damit es dich aus dieser Dimension rausholt.

Bruder Bär, hilf deinem Schützling!«, bat sie in die Stille der Meditation hinein.

Wenige Sekunden später hörte ich, dass jemand an der Außenwand dieser fürchterlichen Grabstätte kratzte. Ich versuchte ruhig zu bleiben. Ich vertraute Mia und meinem Krafttier und wusste, dass sie mich nicht im Stich ließen. Ein kleiner Lichtstrahl, der nicht von meiner Kerze ausging, fiel in den Raum. Jemand hatte ein kleines Loch in die Wand gearbeitet. Ohne zu zögern, glitt ich hindurch.

»Nur weg von diesen Geistern oder Spiritwesen!«, dachte ich.

Mein Krafttier, der Bär, erwartete mich bereits auf der anderen Seite und half mir auf. Ich fragte ihn gar nicht erst, was passiert war, denn ich sah, wie er sich vor der kleinen Öffnung, durch die ich vor Kurzem noch hindurchgekrochen war, hinstellte und reglos stehen blieb, ohne eine Miene zu verziehen.

Am nächsten Tag lernte ich den Medizinmann Strong Bear kennen. Mia hatte mir erzählt, dass Strong Bear aus Texas komme und Freunde in Deutschland besuche. Er war vorübergehend bei einem seiner Schüler untergebracht und führte aber das Leben eines Nomaden. Er leitete Zeremonien und Schwitzhütten und gab gerne und großzügig sein Wissen weiter.

Wir standen alle in seinem kleinen Zimmer, das nur mit zwei Stühlen, einem einfachen Bett und einem Tisch möbliert war. Es roch angenehm nach verbranntem Salbei und Zeder.

»Nehmt doch bitte Platz«, sagte Strong Bear auf Englisch in einem breiten texanischen Akzent.

Er selbst setzte sich auf einen Stuhl. Mia nahm den anderen Stuhl neben ihm und da es keine weitere Sitzmöglichkeit gab, setzte ich mich auf das Bett.

Neugierig betrachtete ich seine Medizingegenstände. Auf dem Tisch lagen viele Kristalle und ein großer einfacher Lederbeutel. Daneben befanden sich ein geflochtener Bund mit Süßgras und eine Räucherschale, die mit weißem Salbei und Zeder gefüllt war. An der von mir gegenüberliegenden Wand hing ein reich verzierter, perlenbestückter indianischer Pfeifenbeutel. Ich wusste, dass die Pfeife für die nordamerikanischen Indianer heilig war. Mit viel Ehrfurcht und Respekt sah ich mir den Medizinmann genauer an. Strong Bear war ein großer Mann und schlank gebaut. Seine Hände glichen mächtigen Bärenklauen und an seinen Fingern erkannte ich Ringe in der Form von Bärenkrallen, die mit Türkis-Edelsteinen verziert waren. Er trug eine einfache Jeans und ein dazu passendes Jeanshemd.

Seine langen schwarzen Haare, zu zwei Zöpfen gebunden, reichten ihm bis zur Hüfte. Er hatte die Augen einer Schlange, grün funkelnd, und seine Stimme klang wie die eines gemütlichen Bären, tief und freundlich.

Nach einer stummen Weile blickte mich Mia an und ich wusste, dass der richtige Zeitpunkt gekommen war, dem Medizinmann meine Bitte vorzutragen. So wie der Brauch es verlangte, bot ich Strong Bear Tabak an und fragte ihn, ob er mir helfen könne eine Lösung für mein Problem zu finden.

Eindringlich sah er mich an und schwieg.

Schließlich nahm er meine Hand. »Beschreibe mir, was du fühlst«, sprach er mit warmer, samtiger Stimme.

Zuerst spürte ich nur seine Körperwärme, doch allmählich entglitt ein Energiestrom seiner Hand und floss in die meine. Öffnete mein Herz.

Außerdem waren Tausende Schmetterlinge in meinem Bauch. Mein Herz klopfte, doch nicht aus Angst, sondern weil ich unbeschreiblich glücklich war.

»Ich spüre Liebe«, teilte ich ihm mit.

Er ließ meine Hand wieder los. »Gut, dann kann ich dir helfen«, sprach er und sah mir dabei tief in die Augen.

Strong Bear verlor keine Zeit. Gemeinsam bereiteten wir alles für eine Zeremonie vor. Er verbrannte Salbei, Süßgras und Zeder in der Räucherschale und badete förmlich in dem aufsteigenden, qualmenden Rauch. Schließlich reichte er die Räucherschale an Mia und mich weiter.

Wir taten es ihm gleich. Der Raum füllte sich mit unserer Konzentration und Aufmerksamkeit. Strong Bear machte mit einer Handbewegung deutlich, dass ich mich hinlegen solle. Ich tat es und war sehr aufgeregt, da ich nicht wusste, was auf mich zukommen würde.

»Schließ deine Augen! Egal, was passiert, lass es zu. Ich bin nur ein Kanal und mache nichts, als die Energien weiterzuleiten«, wies er mich an.

Ich nickte Strong Bear zu, als Zeichen, dass ich ihn verstanden hatte. Er erklärte mir weiter, dass er mit verschiedenen Kristallen an meinem Körper arbeiten werde.

Einige Zeit verstrich, in der er mithilfe der Kristalle meine Chakren reinigte und meine Energie ausbalancierte. Als er geendet hatte, fühlte ich mich entspannt und ließ mich einfach treiben. Zeit und Raum lösten sich auf. Es fühlte sich an, als wären Stunden vergangen. Außer meinem Atem hörte ich kein Geräusch.

Einen Impuls folgend versuchte ich meine Augen kurz zu öffnen, aber meine Lider waren zu schwer. Ich wunderte mich kurz, doch schließlich schaffte ich es – bemerkte aber schockiert, dass ich mich nicht mehr in Strong Bears Zimmer befand, sondern inmitten einer Schneelandschaft stand.

Es kam mir seltsam vor, aber ich blieb ruhig. Wie so oft in meinem Leben hatte sich die Realität verschoben. Ich befand mich nicht mehr in der Alltagsrealität, sondern in einer anderen Dimension. Meine Füße schmerzten, denn sie standen nackt im Schnee und fühlten sich bitterkalt an.

»Shani, was siehst du?«, hörte ich eine weit entfernte Stimme fragen, deren genauen Standort ich nicht ausmachen konnte. Es war Strong Bears Stimme. Aber sehen konnte ich ihn nicht.

»Ich weiß nicht so recht, wo ich bin, aber hier liegt überall Schnee und mir ist kalt!«, rief ich.

Weit und breit stand kein Baum und auch kein Tier oder anderes Lebewesen war zu sehen, außer Schnee, wohin ich blickte. Bitterlich kalt empfing mich weiterhin die Landschaft um mich herum.

»Ich glaube, hier ist irgendwo ein Rabe, doch ich sehe ihn nicht«, sprach ich.

»Dann folge dem Ruf des Raben«, erwiderte Strong Bear.

Das laute Krächzen des Tieres lag vor mir. *Was bleibt mir schon anderes übrig?*, dachte ich mir. *Hier stehen bleiben und erfrieren oder vielleicht eine Rettung finden, wenn ich dem Vogel folge?*

Ich machte mich also auf den Weg. Die Umgebung war mir fremd. Diffuses Licht wurde zwar von dem Schnee reflektiert, ich konnte aber nirgends eine Sonne erkennen – nur tiefe, hellgraue Wolken standen am Himmel. Somit wusste ich auch nicht, in welche Himmelsrichtung ich ging.

Es schien eine halbe Ewigkeit vergangen zu sein, als sich plötzlich ein endloser schwarzer Abgrund vor mir auftat. Ich hörte noch immer die Stimme des Raben, doch diesmal klang sie von weit weg und kam von eben diesem Abgrund.

Spring hinunter, empfahl mir meine innere Stimme.

Damit wusste ich auch, dass ich dem Raben vertrauen konnte, wenn meine Intuition ihm doch recht gab.

Leicht und schwerelos fiel mein Körper in das schwarze Unbekannte. Und landete sanft auf festem Boden. Meine Füße berührten etwas Kaltes und ich sah, dass ich in einem Eistunnel stand. Die Wände waren weiß und glitzerten an der Oberfläche. Mit den Fingerspitzen berührte ich die kalte Wand. Von Weitem erblickte ich einen matten Lichtschimmer, der die dicken Eiswände zum Leuchten brachte. Das Krächzen war verstummt.

Vorsichtig ging ich einige Schritte auf dem rutschigen Boden, bis sich vor mir der Tunnel in zwei Wege spaltete. Intuitiv folgte ich meinem Herzen und entschied mich für den rechten Weg und in diesem Augenblick hörte ich wieder das Krächzen des Raben. Diesmal jedoch war der Ton schrill. Ungeduld schwang mit dem Laut des Raben mit – als ob er es sehr eilig hätte.

Meine Schritte wurden fester und ich versuchte etwas schneller zu gehen, ohne dabei auf dem Eis mein Gleichgewicht zu verlieren. Schon bald endete der Tunnel und ich betrat eine weiße Sphäre, eine Dimension, die vollkommen aus Licht bestand.

Ich hatte das Gefühl, schwerelos im Raum zu schweben. Versuchte zu gehen, merkte aber, dass ich mich nicht von der Stelle rührte und kaum mehr Kontrolle über meinen Körper besaß.

Plötzlich packte mich ein großer Vogel von hinten an der Schulter und riss mich in die Höhe. Geräuschlos und überraschend war er aus dem Nichts gekommen und flog mit mir immer höher. Ich versuchte meinen Kopf zu wenden und über die Schulter zu blicken, damit ich ihn besser sehen konnte. Es war ein Adler.

Bald verwandelte sich die weiße Sphäre in Erde und wir flogen durch einen unterirdischen Tunnel. Um uns herum tauchten Geistwesen auf und verschwanden so geheimnisvoll, wie sie erschienen waren. Sie sahen uns neugierig und sehr erfreut an.

»Sie kommt, sie kommt!«, riefen sie aufgeregt durcheinander. Die Stimmen beinhalteten eine unüberhörbare Vorfreude. Auch ich war schon gespannt, was mich erwarten würde.

Ich versuchte immer wieder den Kopf zu wenden, um in die Richtung zu blicken, in der wir flogen, da mich der Adler umgedreht an den Schultern hielt und mein Blick nur auf den bereits zurückgelegten Weg fiel. In Gedanken ermahnte mich der Adler mehrmals nicht nach vorne zu sehen. Ich verstand zwar nicht, warum, befolgte aber seine Anweisungen. Zu viel Ehrfurcht hatte ich vor ihm, um ihm zu widersprechen. Nichtsdestotrotz hatte ich das dumpfe Gefühl, dass wir uns dem Ort näherten, wo ich mich am Vorabend in meiner Trance bereits befunden hatte.

Schließlich landeten wir. Der Adler sah mir fest in die Augen. »Du weißt, wo wir uns befinden. Hinter dir steht eine Tür und du musst rückwärts durch sie hindurchgehen!«

Einige Sekunden lang stieg leichte Panik in mir auf, doch ich beschloss mutig zu sein und das zu tun, was mir der Adler sagte. Ich hörte das Geräusch eines sich drehenden Schlüssels im Schloss. Jemand öffnete eine Tür.

Kaum war ich rückwärts durch die Tür getreten und hatte beide Beine in den geheimnisvollen Raum getan, schlug die Tür vor meiner Nase zu.

Ich *musste* mich der Situation stellen. Die Zeit war gekommen. Ich fühlte mich bereit. Hatte keine Angst.

Langsam drehte ich mich um. Mir verschlug es den Atem, als ich etwas erblickte, was ich in meinem ganzen Leben nie mehr vergessen würde.

In der Mitte des Raumes stand ein großer, länglicher Holztisch. Um ihn herum saß eine Vielzahl an Spiritwesen. Ihre Körper erstrahlten in einem leuchtenden Licht. Alle Blicke waren auf mich gerichtet. Die Spirits sahen mich prüfend an. Auch ich ließ mir Zeit, sie zu beobachten. Einige von ihnen waren Afrikaner, andere Indianer. Es herrschte absolute Stille, so als ob der ganze Raum mit seinen Anwesenden, ja gar das ganze Universum für eine Sekunde den Atem anhielt.

Ich sah eine alte indianische Frau mit langen herunterhängenden Zöpfen. Irgendwie kam sie mir bekannt vor. Dann erinnerte ich mich wieder. Sie erschien mir öfters in meinen Träumen. Viele Nationalitäten saßen hier vereint an einem Tisch und berieten sich, doch auch wenn sie so unterschiedlich aussahen, verband sie ein Licht, das aus ihrem Körper strahlte. Es umhüllte sie und verschmolz mit ihnen.

Ein tiefes Gefühl der Dankbarkeit durchfloss mich. Ich fühlte mich eins mit meinen Ahnen, meiner Geschichte und meinem Leben. Meine Augen glitten voller Bewunderung und ehrfurchtsvoll über die Spirits.

Da fiel mir eine Gestalt unter ihnen besonders auf. Sein Kopf wirkte größer als die anderen, nicht mehr menschlich, doch ein Augenzwinkern später kam er auf mich zu und ich vergaß beinahe den Unterschied. Es war ein anderes Wesen, doch in seinen Augen sah ich Sanftheit und Liebe.

»Wie h … heißt d … du?« stotterte ich meine Frage an ihn.

Das Wesen erhob sich zu seiner vollen Größe, aber er tat dies so übertrieben, dass es komisch wirkte. »Ich heiße Crocodile Dundee«, sagte er tief und ehrerbietig.

Einen Moment sah ich ihn fassungslos an. Hatte er das ernst gemeint?

»Äh … heißt … heißt du wirklich so?«

Meine Frage kam mir etwas dumm und naiv vor, aber diese ganze Szene überwältigte mich dermaßen – und dann kam so eine Antwort.

»Nein, aber ich wollte etwas lustig sein. Namen sind nicht so wichtig, aber wenn du willst, kannst du mich Ramiris nennen.«

»Warum bin ich hier, Ramiris?«, wollte ich wissen.

»Wir wollen deinen Körper, damit du heilen kannst. Du kannst jetzt gehen. Du wirst von uns hören.«

Ich wagte nicht, noch mehr Fragen zu stellen, denn die Spirits sahen mich nun noch eindringlicher an. Auf eine neunzehnjährige junge Frau schindete dies schon genug Eindruck.

Schließlich trat Ramiris auf mich zu. Er hielt eine Kette in seinen Händen. Sie sah aus wie ein Amulett, das die Form eines umgedrehten Dreiecks hatte. Erst als Ramiris es mir um den Hals gelegt hatte, betrachtete ich es genauer.

Es fühlte sich kühl auf meiner Haut an und ich nahm es in meine rechte Hand. Es war ein klarer Kristall. In seiner Mitte befand sich ein kleiner, runder und violetter Stein. Ich dankte meinen Ahnen. Ich wusste nun die Antwort auf meine Frage.

Ich musste zurück nach Afrika.

Afrika

Kein Baum kann ohne Wurzeln stehen
(Kongo)

Ich startete meine Reise nach Afrika. Obwohl mich das Erlebnis mit Strong Bear gestärkt hatte, plagten mich Ängste und Zweifel. Ich wusste nicht, auf was ich mich wirklich einließ, nur, dass ich die richtige Entscheidung getroffen hatte. Für meine Familie und Freunde war dies zum Teil schwer zu akzeptieren.

Drückende, schwüle Luft empfing mich in Mombasa und obwohl Trockenzeit war, atmete ich feuchte Luft ein. Eine angenehme salzige Brise Indischer Ozean streifte meine Haut und ließ meinen ganzen Körper prickeln.

Diese wunderschöne Küstenstadt war ein Schmelztiegel verschiedener Kulturen. In den zahlreichen schmalen Straßen tummelten sich Afrikaner, Inder und Araber. Hier herrschte reges Treiben. Sofort nach meiner Ankunft war ich von dieser neuen Umgebung verzaubert.

Eine Lebendigkeit pulsierte durch Mombasa, wie ich sie selten in Wien erlebt hatte. Ich fühlte mich rundum wohl und betrachtete aus meinem Taxi die vielen verschiedenen Menschengesichter.

Ich fuhr zu Freunden, die ich während meiner ersten Reise nach Kenia kennengelernt hatte. Sie lebten in Bamburi, einem kleinen, verschlafenen Dorf wenige Kilometer von Mombasa entfernt.

Die Freude war groß, als meine Freunde mich wiedersahen. In ihrem Zuhause fühlte ich mich sofort geborgen, und das, obwohl es alles andere als eine Luxusherberge war.

Das Haus war fensterlos, das Wellblechdach löcherig und der Putz an den Wänden war völlig hinüber. Er bröckelte unentwegt bei jedem Schritt.

Trotzdem zählte es zu den geräumigen Häusern, denn es besaß ein Schlafzimmer für die Eltern, ein Zimmer für die verheiratete Tochter samt Ehemann und Kind, je ein getrenntes Zimmer für die Frauen im Haus sowie für die Männer, eine Küche, einen großen Festraum, ein Esszimmer und … zumutbare Toiletten. Letzteres war und ist ein Geschenk in Afrika. Außerdem gab es vor dem Haus einen schönen Hof, in dem die Frauen im Freien das Mittagessen kochten.

Ich verschlang das köstliche afrikanische Essen, erzählte nach meiner Begrüßung alles Wichtige, was ich seit meinem letzten Besuch hier in Europa erlebt hatte, verteilte Geschenke und beschloss mich zurückzuziehen, auszuruhen und zu meditieren.

Normalerweise war ein einsames Plätzchen in Afrika nur im Traum möglich. Kaum wollte man alleine sein, fragte schon einer, ob man krank wäre. Doch diesmal hatte ich Glück.

Die Frauen mussten noch auf den Markt und die Männer gingen ihrer Wege. Allein Abude, die verheiratete Frau, blieb mit mir im Haus zurück, doch sie legte sich mit ihrem Kind nieder und machte anschließend ein Nickerchen. So hatte ich beinahe das ganze Haus für mich allein.

Den ganzen Nachmittag sprach ich meine Gebete. Ich dankte für all den Segen, den ich bisher erhalten hatte, und bat um Ausdauer und Kraft auf meinem Weg, der mir noch so unbekannt erschien. Die Lebensprüfung, die mir bevorstand, bereitete mir Angst. Ich hatte keine Erwartungen, doch ich wusste, dass etwas auf mich zukam.

Schon nach einem Monat in Kenia berichtete mir im Dorf ein junger Mann von einer Medizinfrau, die bereit sei, mich als ihre

Schülerin aufzunehmen. Jener junge Mann wurde, während ich in Afrika lebte, mehr als ein guter Freund.

Er hieß Katana und war der Neffe eines verstorbenen, sehr bekannten Medizinmannes der *Giriama*, einer der vielen Stämme Kenias.

Oft saßen wir stundenlang am Meer und erzählten uns unsere Träume und Lebensziele. Wir gefielen uns. Katana war nur ein Jahr älter als ich. Er hatte einen schlanken, sehnigen Körper und sah sehr gut aus. Vor allem gefielen mir seine dunkelbraunen Augen, die mich neugierig beobachteten. Wenn Katana lachte, hielt er immer leicht eine Hand vor den Mund.

Auch wenn wir aus verschiedenen Kulturen kamen, hatten wir einen eigenen, speziellen Draht zueinander gefunden. Katana war offen und bereit, Neues zu lernen.

Er wuchs vollkommen traditionell auf. Seine Mutter hatte nach dem Tod ihres Ehemannes dessen Bruder geheiratet – keine Seltenheit in Kenia. Dies geschah deshalb, weil dieser nächste Verwandte sich am ehesten bereiterklärte, für die Kinder des Bruders zu sorgen.

Doch Katans Mutter war vom Pech verfolgt. Auch der Bruder starb. Und dessen Tod bedeutete, dass die Kinder auf verschiedene Familien verteilt wurden.

Katana selbst kam in eine einflussreiche muslimische Familie. Nachfahren der *Swahili*. Eine Ethnie Kenias, die wiederum aus zwei Ethnien, aus Arabern (Kaufleute und Aristokraten) und Einheimischen, entstanden ist.

Das Oberhaupt von Katanas Stieffamilie war ein Bürgermeister in der Region, wo mein Freund aufwuchs. In dieser Funktion besaß er sehr viel Macht. Er übernahm Katanas Schulkosten und behandelte ihn wie einen leiblichen Sohn.

Katana sprach fünf Sprachen fließend: Englisch, Suaheli und drei Bantudialekte. Seine aufmerksame Art half mir in der ersten Zeit hier in Afrika ganz besonders. Schnell hatte ich mich zurechtgefunden.

Außerdem fand ich durch Katana eine Medizinperson. Schließlich kannte er seit den Tagen am Strand meine Wünsche und Sehnsüchte. Ich wollte eine weise alte Frau werden, mein Leben als Medizinfrau führen, als Schamanin durch die Welten reisen und vieles mehr.

Zu diesem Zeitpunkt wusste ich noch nicht sehr viel darüber, wie es ist, ein solches Leben auch zu führen, denn so einfach, wie ich mir das alles vorgestellt hatte, war es eben nicht. Ich träumte vor mich hin und baute mir ein Luftschloss.

Doch das Leben erzählte mir eine andere Geschichte.

Riesig freute ich mich über die Möglichkeit, die Schülerin einer Medizinfrau zu werden. Und meine Chancen standen sehr, sehr gut. Ganz anders als in den meisten Fällen.

Ethnologen, Wissenschaftler und Laien, also Menschen ohne Bezug zu Afrika oder Beziehungen, wie ich sie hatte, mussten monatelang warten, bis ein Stamm, die Ältesten und die Medizinpersonen sie als Schüler akzeptierten.

Dass in meinem Fall alles sehr schnell ging, war eine absolute Seltenheit.

Katana und ich fuhren schon am nächsten Tag in ein kleines Dorf nördlich von Mombasa. Dort angekommen, mussten wir eine halbe Stunde durch den Busch gehen. Zuerst durchquerten wir eine Anhäufung nebeneinandergebauter kleiner Häuser.

Überall lag Müll auf dem Boden, in dem sich allerlei Ungeziefer wie Kakerlaken tummelten. Anscheinend störte das die Einwohner nicht, denn sie kochten oder wuschen ihre Kleider neben dem Unrat. Selbst fett triefender Fisch wurde hier in heißen Pfannen gebacken und an Ort und Stelle verkauft.

Seltsamerweise ekelte mich dieser Anblick nicht. Ich sah nur in die Gesichter der Frauen und Männer und war ganz bezaubert von ihrer natürlichen Anmut und dem Respekt sich selbst und anderen gegenüber.

Katana und ich gingen weiter, bis wir nur noch von Bäumen und Sträuchern umgeben waren. Wilde Pflanzen bedeckten den

Boden. Insekten schwirrten durch die Luft. Ich roch die Erde unter meinen Füßen. Sie fühlte sich frisch und lebendig an.

Der Ort, wo die Medizinfrau wohnte, war beinahe vollständig vom Busch eingehüllt. Als wir darauf zugingen, erspähte ich kleine traditionelle Häuser aus Lehm und Erde. Vor den Häusern gab es einen sandigen, kleinen und sauber gefegten Hof, auf dem Kinder umherrannten und mit den Hunden tollten. Hinter vielen Häusern befand sich ein kleines Maisfeld. Die Alten saßen auf Holzschemeln und unterhielten sich. Als sie uns sahen, streckten einige neugierig die Köpfe und erwiderten Katanas Gruß.

Wir bogen um eine Ecke auf einen eigentlich nicht vorhandenen Weg und gelangten zu einer kleinen Grünfläche, die kaum von Bäumen oder Schlingpflanzen überwuchert war. Ich hatte inzwischen komplett die Orientierung verloren. Meine Gefühle, all meine Emotionen überschlugen sich, so aufgeregt war ich.

Endlich wies Katana auf ein Haus und gab mir zu verstehen, dass dort die weise Frau lebe. Ihr Heim war aus Lehm und Erde errichtet, ein Palmenblätterdach schützte vor Wind und Wetter.

Als die spielenden Kinder vor dem Haus der Medizinfrau mich sahen, blickten sie mich erstaunt an, liefen dann auf mich zu und riefen immer wieder: »*Mzungu, mzungu!*«

»Was sagen die Kinder, ich verstehe sie nicht, Katana?«

»Sie sagen *Weiße* zu dir«.

Ich spürte einen kleinen Stich in meinem Herzen. Obwohl das Wort auch *Europäerin* bedeutete, wurde es auch für alle Weißen benutzt – ich hatte mich nie als *europäische Weiße* gesehen, sondern als eine süße Mischung aus Schwarz und Weiß: Ich war das Kind einer Slowenin und eines Kenianers.

Trotzdem lächelte ich die Kinder an, denn ihr strahlendes Lachen kam von Herzen.

Katana hatte mir zuvor erzählt, dass die Medizinfrau, die mich als ihre Schülerin akzeptieren wollte, *Mama Fatuma* hieß, dem Stamm der *Kauma* angehöre und mit einem Mann aus dem *Digo-Tribe* (Stamm der *Digo*) verheiratet sei.

Die vielen neuen Namen und Bezeichnungen verwirrten mich ein wenig und ich wollte nichts falsch machen: gegen ein Tabu oder ein Gesetz verstoßen. Deshalb war es so wichtig für mich, dass Katana mich vor diesem Besuch über die Stämme und Sprachen Kenias aufgeklärt hatte.

In Kenia leben sehr viele Stämme. An der Küste sind es vor allem die *Midjikenda*, die das Land besiedeln. *Midjikenda* heißt so viel wie *Neun Stämme* und dieser Stamm ist tatsächlich ein loser Zusammenschluss von neun Stämmen, die jeder für sich einen eigenen *Bantu*dialekt sprechen, sich aber untereinander problemlos verständigen können. Ihre Lebensweise ist recht einfach. Die meisten leben vom Fischfang oder haben ihre eigenen kleinen Maisfelder. Oder sie verkaufen ihr selbst angebautes Gemüse auf dem Markt. Das Problem ist oft die Regierung.

Die Menschen der traditionellen kenianischen Stämme haben meist keine Papiere für ihr Land, obwohl es seit Generationen in ihrem Besitz ist. Und deshalb wird ihnen das Land ziemlich oft einfach so weggenommen, weil irgendein reicher Tourist, mit Papieren, ein schönes Haus darauf bauen will oder ein korrupter Politiker, mit Papieren, es einfach an sich gerissen hat.

Ganze Familien hatten auf diese Weise plötzlich ihr Zuhause verloren, ein Heim, das ihnen jahrzehntelang Schutz und Nahrung geboten hatte. So etwas kann ihnen praktisch die ganze Zeit passieren.

Aber so ist das Leben in Afrika, hart und oft nicht sehr einfach und fair.

Katana erzählte mir auch, wie die neun Stämme hießen: *Digo, Kambe, Giriama, Kauma, Rabai, Ribe, Duruma, Chonyi* und *Jibana*.

Mir gefiel es, dass Katana so viel über seine und ja, auch meine Kultur wusste. All die Jahre hatte ich mich nach solch einem Wissen gesehnt und nun war es zum Greifen nahe. Ich trank es wie Nektar.

»Oh Gott, ich werde mir die Namen niemals merken!«, hatte ich damals gestöhnt, als Katana mir davon berichtet hatte. Schon allein bei der Aussprache würde ich hängen bleiben.

Katana lachte.

»Hab Geduld, Shani!«, beruhigte er mich damals. Mit der Zeit würde ich sie alle auseinanderhalten können.

Als wir beim Haus der Medizinfrau ankamen, schwirrten tausend Schmetterlinge in meinem Bauch herum. Alle meine Versuche, mich zu beruhigen, schlugen fehl.

Noch immer war sie nicht zu sehen. Wer vor dem Haus saß, das waren Frauen in farbenfrohen Tüchern, die sie sich um den Körper geschlungen hatten: sogenannte *Kanga*. Darunter befand sich bei den meisten ein etwas *europäischer* aussehendes Kleid. Auf ihren Köpfen thronten ebenfalls Tücher.

Das gleißende Sonnenlicht brachte ihre dunkelbraune Haut zum Schimmern, obwohl sie im Schutz des kühlen Schatten saßen. Als sie mich sahen, verstummten ihre Gespräche und sie beobachteten mich teils neugierig, teils skeptisch und prüfend.

Dass sie sich so verhielten half mir nicht entspannt zu bleiben – ganz im Gegenteil. Ich fühlte mich zusehends unwohl in meiner Haut.

Wir gingen einen schmalen Weg entlang, welcher uns hinter das Haus führte, und kamen zu einem runden sandigen Platz, umgeben und geschützt von hohen Sträuchern.

In der Mitte stand ein mächtiger und wunderschöner Mangobaum. Im Schatten des großen Baumes warteten wir etwa zehn Minuten, denn, wie man uns gesagt hatte, musste Mama Fatuma noch einen Patienten behandeln, bevor sie mit mir das Gespräch aufnahm.

Es war heiß und Katana hatte zwei Flaschen Cola gekauft, die wir nun dankbar tranken.

Ich schloss meine Augen und lauschte dem sanften Rauschen des Windes. Ein kleines Geräusch veranlasste mich meine Augen wieder zu öffnen, und da stand Mama Fatuma.

Genauso hatte ich mir eine afrikanische *Mama* immer vorgestellt.

Die Medizinfrau reichte mir gerade mal bis zu meiner Stirn.

Mit meinen einhundertfünfundsechzig Zentimetern zählte ich nicht gerade zu den Größten, doch im Gegensatz zu mir war ihre Körpermasse mächtig. Trotzdem wirkte Mama Fatuma nicht plump, sondern bewegte sich mit einer Leichtigkeit, die ich zuvor noch nie bei so stark beleibten Personen gesehen hatte. Mama Fatuma strahlte Wärme aus und ihr schönes feines Gesicht wirkte ruhig und entspannt.

Lange und freundlich begrüßte sie uns. Erst dann setzte sie sich auf einen kleinen Schemel neben Katana und mich. Nachdem sie mich lange Zeit eindringlich angesehen hatte, erzählte sie Katana, dass sie schon lange bevor ich nach Afrika gekommen war, von mir geträumt und auf mich gewartet hatte und dass sie nun nachsehen werde, ob meine Spirits sie als meine Lehrerin akzeptieren würden.

Ich verstand kein einziges gesprochenes Wort, da sich meine Suahelikenntnisse nur auf ein paar schlichte Begrüßungsformeln beschränkten. Außerdem sprach Mama Fatuma *Kigiriama, ein Bantudialekt der Mijikendas.* Trotzdem konnte ich einigermaßen dem Gespräch folgen, da Katana so gut es ging für mich übersetzte.

Die Medizinfrau nahm meine rechte Hand in ihre rechte. Ich spürte wie damals bei meiner Begegnung mit Strong Bear, dass mein Herz schneller schlug und sich öffnete. Hinzu kam, dass mein ganzer Bauch zu kribbeln begann und sehr heiß wurde. Die Hitze in meinem Bauch breitete sich wie Feuer in meinem Körper aus.

Sie ließ meine Hand wieder los und erzählte Katana, was ihre Ahnen über mich gesagt hatten. Katana hörte aufmerksam zu und als sie geendet hatte, übersetzte er mir jedes ihrer Worte.

»Mama Fatuma hat mir gesagt, dass du einige Probleme hast. Erstens ist dein Körper nicht ganz gesund und zweitens wirst du von einem Spirit in deinen Träumen gestört, was zur Folge hat, dass du nicht lange schläfst und nach jedem Traum aufwachst und unruhig bist. Der dritte Punkt ist, dass du sehr viel nachdenkst und dadurch Zweifel und Ängste hervorrufst. Sie sagte mir noch, dass du sehr starke Träume hast. Deine Träume werden manchmal Realität. Doch wenn du nach solchen Träumen erwachst, ist dir nicht mehr alles im Bewusstsein. Entspricht das, was ich gerade gesagt habe, der Wahrheit?«

Erstaunt und fasziniert über Mama Fatumas Hellsicht bejahte ich die Frage. Sie hätte unmöglich solche Informationen über Katana wissen können, da ich ihm zwar viel erzählt hatte, er jedoch nichts von meinen Schlafträumen, Ängsten und gesundheitlichen Problemen wusste.

Die Medizinfrau mit ihrer festen und sicheren Stimme fuhr fort.

»Du bist von sehr weit hergekommen. Die Spirits haben dich hierhergebracht. Einer deiner Spirits ist ein *Midjikenda*. Das ist der Grund, warum du hier bist. Du musst durch das Traditionelle gehen. Ich bin eine *Midjikenda* und wir leben hier als *Native Tribe* (indigener Stamm). Ich entstamme dem *Kauma-Tribe* und lebe ein traditionelles Leben. Du musst zuerst durch das Traditionelle gehen, um eine *Mganga*, eine Medizinfrau, zu werden. Ich werde dir etwas über mich erzählen. Als ich fünfundzwanzig Jahre alt war, riefen mich die Spirits zu sich. Damals wurde ich sehr krank. Ich war jung und hatte einen schmalen und gut gebauten Körper. Doch eines Abends legte ich mich schlafen und als ich am nächsten Tag erwachte, war ich rund wie eine Kugel. Mein ganzer Körper begann anzuschwellen. Ich konnte nicht einmal durch die Türe gehen.«

Mama Fatuma ahmte sich selbst nach, blähte ihre Backen auf und spreizte ihre Arme auf die Seite. Katana und ich blickten sie nur gespannt an, schließlich prustete sie los und fing an, schallend über sich selbst zu lachen. Wir konnten uns alle kaum halten und lachten mit ihr, bis uns Tränen in den Augen standen. Als wir uns wieder beruhigt hatten, erzählte sie weiter.

»Damals entschieden die Spirits, dass ich eine *Mganga* werden sollte. Ich musste in den Busch gehen und bestimmte Pflanzen einsammeln, die mir meine Spirits zeigten. Ich hielt mich sieben

Tage im Norden, sieben Tage im Osten, sieben Tage im Süden und schließlich sieben Tage im Westen auf. Dann war ich eine *Mganga*. Nicht ich hatte das Wissen, sondern die Spirits gaben es mir. Du, Shani, bist zwar von sehr weit hergekommen, aber nicht du hast entschieden, sondern die Ahnen wollten es so. Du hättest früher oder später nicht anders gekonnt. Komm am Mittwoch in einer Woche wieder und bring ein weißes Tuch und eine Flasche Rosenwasser mit. Danach werde ich sehen, was die Spirits von dir verlangen und wie ich dich lehren soll.«

Eine Woche später fuhr ich mit Katana und seinem Schwager Douglas zu Mama Fatuma. Wir hatten diesmal ein Auto. So ersparten wir uns die mühselige Busfahrt – nicht aber den Fußweg.

Wieder war ich unsicher, als wir das Grundstück von Mama Fatuma erreichten. Es lag daran, dass sich diesmal eine kleine Menschentraube vor dem Haus versammelt hatte. Fünf Frauen und fünf Männer. Ich hatte keine Gelegenheit, mich mit ihnen bekannt zu machen, denn kaum hatte ich Mama Fatuma begrüßt, bedeutete sie mir ihr zu folgen.

Wir betraten einen Teil ihres Hauses. Obwohl draußen die Sonne auf das Land niederbrannte, begegnete mir drinnen im Haus eine angenehme Kühle.

Wir befanden uns im Schlafraum der Medizinfrau. Der Raum war sehr einfach ausgestattet. Gleich neben der Tür befand sich ein großes Doppelbett, das aus vier Holzbeinen, einer Holzplatte und einer halb zerfallenen Matratze bestand. Ein Paar Kleider und Tücher hingen lose an einem Seil, das durch das Zimmer gespannt war. Vor allem aber hingen wohin ich blickte getrocknete Pflanzen teils offen, teils in Plastiksäcken an den Wänden. Es roch stark nach Erde und Kokosnussöl, das sich die afrikanischen Frauen hier gerne ins Haar gaben.

Mama Fatuma zog an meinem T-Shirt und an meinem Jeansrock. Damit machte sie mir deutlich, dass ich meine Sachen ausziehen solle. Eine Zeit lang stand ich halb nackt vor ihr. Währenddessen hatte sie zwei violette Tücher geholt, die sie nun um meinen Körper schlang und festknotete.

Ich hörte, wie es außerhalb des Hauses lauter wurde. Anscheinend trafen gerade noch mehr Frauen und Männer ein. Mein letzter Funken Mut sank dahin und ich spürte meine Unsicherheit noch tiefer in meiner Magengrube sitzen.

Dass so viele Menschen zu meiner Zeremonie kommen würden, hätte ich nicht erwartet. Meine Schüchternheit wuchs und ein Kloß saß mir im Hals. Mama Fatuma ignorierte meine Aufregung und nahm mich fest bei der Hand.

Ihr Haus bestand aus drei Räumen. Ihrer Schlafstelle, ein Raum für die Frauen und Kinder und die Küche. Die alleinstehenden Frauen schliefen immer getrennt von den anderen alleinstehenden Männern. Nur verheiratete Paare konnten im selben Raum schlafen. Die Kinder schliefen dort, wo sie Platz fanden, draußen im Freien, in der Küche oder wenn sie noch jung waren, bei den Müttern.

Neben der Küche stand ein kleines, wackeliges Lehmhäuschen, »zu klein für einen Menschen und zu groß für einen Hund«, wie Mama Fatuma meinte.

Dieses Lehmhäuschen war der kleine Zeremonialraum von Mama Fatuma. Ansonsten fanden die Zeremonien hinter dem Haus statt: unter dem großen Mangobaum oder auf dem Platz vor dem Haus von Mama Fatuma, den die Kinder immer sauber kehrten.

Genau dieses Häuschen betraten wir nun. Es bot Platz für vier Personen, doch neun saßen schon drinnen. Alle hielten flache, viereckige Instrumente in den Händen, die wie Rasseln klangen. Ich musste mich in die Mitte des Raumes auf einen Schemel setzen.

Forschende Blicke aus dunklen, braunen Augen beobachteten jeden meiner Schritte. Keiner redete oder sagte irgendetwas. Sie alle waren Medizinleute, wie ich nun erkennen konnte. Sie hatten unzählige Bündel um ihre Oberkörper geschlungen: Schutz- und Kraftmedizin, wie mir später erklärt wurde. Einige Frauen hatten traditionelle Narben im Gesicht. Aus ihrer Pubertätszeremonie, dem Einstieg ins Erwachsenenalter. Sie trugen ihre blauen und roten Medizintücher um den Körper und eine Kette aus bunten Perlen zierte ihre Köpfe. Die Männer trugen einfache schwarze Tücher um die Lenden. Der Oberkörper war frei.

Es roch nach Weihrauch. Die Rasseln wurden geräuchert und die Geister geweckt. Mama Fatuma bedeckte meinen Kopf und meinen ganzen Körper mit dem weißen Tuch, das ich mitgebracht hatte. Mein Herz schlug wie wild.

Beißender Rauch quoll unter meinem Tuch hervor. Die Medizinfrau verbrannte noch mehr Weihrauch und reinigte damit meinen Geist und meinen Körper. Ein leichtes Schwindelgefühl befiel mich, doch ich schloss meine Augen und versuchte mich zu konzentrieren.

Meine Gedanken überschlugen sich. Ich hatte keinen blassen Schimmer, was von mir erwartet wurde, was ich zu tun hatte oder was auf mich zukam, doch ich riss mich zusammen. Ich zwang mich ruhig ein- und meine Zweifel und Ängste auszuatmen.

Ich war verzweifelt, etwas panisch, ahnungslos, sah wahrscheinlich ziemlich verwirrt und dumm drein und kämpfte tapfer dagegen an, mir nicht sofort in die Hose zu machen. Aber auch Neugierde kroch in mir hoch, pirschte wie eine Raubkatze heran, um … Ja, Neugierde und das tiefe Vertrauen daraus, so etwas einmal erlebt zu haben, sprangen mich an. Danach wurde ich ruhig und gefasst.

Eine Frau stimmte in einer klaren, kindlichen Stimme ein Lied an. Bald darauf fielen die anderen in ihren Gesang ein. Die Rasseln ertönten von allen Seiten und klangen schallend in meinen Ohren wieder. Ich spürte, wie sie meinen Blutkreislauf beschleunigten und ich dadurch aufmerksamer wurde.

Aus meiner anfänglichen Angst wurde Vorfreude. Mein Atem ging heftig und schnell und ich erreichte dadurch eine bestimmte

Bewusstseinsebene. Noch hatte dieses eigenartige Gefühl keine Form. Ich konnte auch keinen Gedanken daran verschwenden, denn Mama Fatuma riss mir das weiße Tuch von meinem Kopf und bespritzte mein Gesicht mit kalter Flüssigkeit.

Erschrocken fuhr ich hoch. Die Medizinfrau hatte mir eine Schüssel Wasser vor die Füße gestellt. Sie enthielt mir unbekannte, gut riechende Pflanzen. Mama Fatuma fügte nun mein Rosenwasser hinzu.

Dann reichte sie mir einen Scheffel von diesem Wasser. Ich sollte es trinken, was ich auch tat. Kurz lächelte mich ihr schönes glattes Gesicht an. Schweißperlen glitzerten auf ihrer Stirn. Dann zog sie das Tuch wieder über mich.

Ich fühlte mich frisch und klar, nachdem ich das Wasser getrunken hatte. Meine Freude konnte nun ungehindert in meinem Körper Platz nehmen.

Danach brannte ein Feuer in mir, es wurde immer heißer, drohte mich zu verbrennen. Mein Umfeld veränderte sich. Alles drehte sich und ich verlor jegliche Orientierung, jegliches Zeitgefühl. Ich schwebte und war doch am Boden.

Die Musik wurde lauter, die Gesänge und Rasseln begleiteten mich, höher und höher, schneller und schneller. Mein Körper gehorchte meiner gedanklichen Anweisung, stillzusitzen, nicht mehr, sondern begann rhythmisch zu wippen. Zuckende Blitze bewegten sich über mir, dass meine Lider heftig zu flattern begannen und sich meine Augäpfel stark nach hinten verdrehten.

Mir war nicht bewusst, ob es allein an mir lag, dass es immer heißer wurde, doch die Hitze breitete sich aus wie ein Lauffeuer in der trockenen Steppe. Die Gesänge um mich herum wurden dynamischer. Die Frauen fingen an, wie wilde Furien zu schreien, feuerten mich in einer Sprache an, die ich nicht verstand, die aber trotzdem genau den Teil in mir traf, der alles verstand.

Auch Mama Fatuma, die direkt neben mir saß, schrie in meine Ohren. »*Twende twende mama, twende twende mama … nataka massai, giriama, somali, twende, twende …*«

Alles stürzte auf mich ein und mit letzter Verzweiflung versuchte ich dies zu verhindern. Ich verstand überhaupt nichts mehr, wusste auch nicht, was ich tun sollte. Etwas ging vor sich. Ich konnte es aber nicht erklären, da mir eine solche Erfahrung bisher fehlte.

Katana befreite mich aus dieser verzwickten Lage. »Shani, wir rufen deine Spirits, deine Ahnen in deinen Körper. Wehre dich nicht dagegen, sondern lass es zu, lass dich einfach fallen. Mama Fatuma ruft deine Spirits. Sie ruft deine Spirits. Egal, von wo sie herkommen und welchem Stamm sie angehören, sie sind herzlich willkommen. Ihr Spirits, wir rufen euch, kommt!«

Sein Atem ging schnell, auch er war aufgeregt, da er das nahe Kommen der Ahnen spürte. Eine wilde, unbeherrschte Kraft kam aus mir hervor. Mein Körper fing an zu zittern und zu zucken. Die Energie im Raum war zum Zerbersten. Ich verlor die Kontrolle über mein Ich.

Alles bebte und vibrierte. Eigenartige Töne sprangen aus meinem Mund. Ich summte eine Melodie, dann gluckste ich und im nächsten Moment lachte ich wie eine Verrückte.

Mama Fatuma und die anderen Medizinleute nickten sich zustimmend zu. Sie hatten gemerkt, dass ich mich nun nicht mehr wehrte, sondern die starke Kraft zuließ. Es war für sie vollkommen normal, dass ich mich aufführte wie eine Verrückte. Im Gegenteil, es bestätigte nur ihre Mühen.

Ich erreichte einen Zustand, in dem sich mein Ich von meinem Körper trennte.

Eine Gestalt nahm von mir Besitz, drang in mich ein und zwang mich in eine kleine Ecke meines Selbst, in der ich zwar die Szene beobachten, jedoch nicht selbst eingreifen konnte.

Ein letztes Aufbäumen kam von meinem Ich. Ich wollte es nicht wahrhaben, wehrte mich mit letzter Kraft dagegen, es zu verlieren, ich wollte *mich* nicht verlieren.

Eine mir bis dahin völlig unbekannte Ekstase ergriff mich und ich verlor den inneren Kampf, gab mich ganz auf und ließ es zu, dass der Ahn meinen Körper einnehmen konnte … dass ein Spirit begann, meinen Körper zu kontrollieren.

Er riss das Tuch von meinem Kopf und öffnete meine Augen, um durch sie zu sehen. Seine Bewegungen glichen denen eines alten Mannes, langsam und ruhig.

Als die Medizinleute sahen, dass ein Ahn in meinem Körper war, hörten sie abrupt auf zu singen und auf ihren Rasseln zu spielen. Angespannte Stille kehrte ein.

Mama Fatuma begrüßte den Ahnen, indem sie mit ihrer Hand segnend meinen Kopf hielt. Sie sprach etwas, was mein verdrängtes Ich nicht verstand, doch der Spirit erwiderte ihre Worte durch mich.

Je mehr ich akzeptierte, dass *er* sich in mir aufhielt, desto mehr verstand ich Mama Fatumas Worte, obwohl ich noch nie in meinem Leben zuvor einen Bantudialekt erlernt hatte.

»Willkommen, Ahne, bin ich die richtige Person, um Shanis Lehrerin zu sein? Seid ihr zufrieden, wenn ich ihr mein Wissen lehre?«, fragte Mama Fatuma.

Der Spirit antwortete ihr, indem *er* sich vorbeugte und seinen Kopf in ihren Schoß legte. Ein leises Schluchzen kam aus *seinem* Mund, das immer lauter und wehklagender wurde, bis *er* hemmungslos zu weinen begann und wie ein verlassenes Kind nach seiner Mutter rief. Endlich war *er* nach einer langen Reise wieder zu Hause.

Mama Fatuma beruhigte ihn. Wiegte ihn sanft und zärtlich. Obwohl ich diese Situation aus einem entfernten Blickwinkel verfolgte, spürte ich seine Trauer, aber auch seine Erleichterung in meinem Herzen.

Langsam schloss *er seine* Augen, legte sich auf den Boden und schlief ein.

Ich erwachte und lag auf dem Boden. Die Frauen und Männer, die zuvor die Zeremonie begleitet hatten, waren alle verschwunden. Nur Katana und Mama Fatuma saßen neben mir.

An diesem Tag sagte mir Mama Fatuma, dass sie mich als ihre Schülerin aufnehmen und ich von nun an wie sie leben werde – ein traditionelles Leben.

Die Initiation

Bäume können nicht zueinander finden,
aber Menschen finden einander
(Herero – Namibia)

Ein warmer Wind strich über mein Gesicht, doch ich fröstelte. Einige Tage waren nach der Zeremonie vergangen und ich spürte, dass sich eine kleine Grippe anbahnte. Mein Kopf tat mir weh, meine Glieder schmerzten und wenn ich versuchte ein paar Schritte zu gehen, wurde mir schwindlig.

»Geh lieber zum Arzt, Shani. Hier in Afrika kann ein leichtes Fieber schon Malaria bedeuten!« Katana war sichtlich besorgt um mich. Er strich mir zärtlich über den Kopf und küsste mich sanft auf die Stirn. Seine Fürsorge rührte mich, dass mir Tränen in die Augen schossen.

»Malaria?« Meine Stimme glich einem Häufchen Elend. »Ich will nicht Malaria haben!« Angst packte mich. Mein Magen verzog sich bei dem Gedanken.

Ich war kaum einen Monat hier und hatte immer meine alternative Malariaprophylaxe eingenommen.

»Sie haben eindeutig Malaria.« Die Worte des Arztes des Landkrankenhauses unweit meines Hauses schlugen mir wie Peitschenhiebe ins Gesicht. Der Mann in Weiß schien nicht gerade überrascht. Hier gingen täglich Menschen mit Malaria ein und aus. Es war nichts Neues für ihn.

Für mich brach eine kleine Welt zusammen. Vollkommen vor den Kopf gestoßen nahm ich meine Medikamente entgegen. Dann entließ mich der Arzt und rief den nächsten Patienten herein.

Ich war kaum aus dem Behandlungsraum als mir der Arzt noch zurief: »Ach noch was! In Nairobi wütet im Moment eine Cholera-Epidemie! Seien Sie bitte vorsichtig mit dem Trinkwasser, Miss! Miss? Haben Sie gehört?« Verwirrt blickte ich ihn an.

Ich gab ein paar unverständliche Worte von mir, dann drehte ich mich stocksteif um und wollte nur noch nach Hause. Der Schock der Diagnose saß mir nicht nur im Nacken, sondern hatte meinen ganzen, nun offiziell kranken Körper erfasst.

Mittlerweile wohnten Katana und ich in dem Haus seines Schwagers, so lange bis wir was Eigenes gefunden hätten.

Es dauerte eine halbe Ewigkeit, bis ich mich schließlich in mein Bett verkriechen konnte. Ich hatte die Medikamente eingenommen und nun zeigten sie ihre Nebenwirkungen.

Heiße und kalte Schauer durchliefen meinen Körper, alles tat weh, ich konnte nichts mehr zu mir nehmen. Katana zwang mich etwas zu trinken, doch es blieb kaum eine halbe Stunde in meinem Magen, bis ich es auf der Toilette wieder erbrach.

Zwei Tage weigerte ich mich irgendetwas zu essen oder zu trinken. Mein Zustand verschlechterte sich. Mein Körper war vollkommen geschwächt. Ich konnte nur mehr bewegungslos auf der Couch liegen, da sie näher zur Toilette lag. Noch nie in meinem Leben fühlte ich mich so energielos. Dem Tod nah.

Katana und seine Familie machten sich große Sorgen um mich. Es wurde nur mehr gedämpft im Zimmer gesprochen.

»Shani bitte, du musst essen und trinken, sonst überlebst du nicht. Du hast schon seit zwei Tagen nichts zu dir genommen, bitte, Shani, du musst leben!«

Ich konnte das Gesicht von Katana erkennen. Er blickte mich aus seinen braunen Augen flehentlich an.

»Ich kann nicht, mir ist so schlecht, wenn ich jetzt etwas zu mir nehme, muss ich mich wieder übergeben.« Ich fing an zu weinen. »Ich will nach Hause, nach Wien. Ich wusste nicht, dass es so schwer für mich sein wird. Ich will nicht mehr. Ich will nach Hause«, sagte ich erstickt durch meine Tränenflut.

Katana nahm mich in seine Arme, wiegte mich sanft, bis ich in einen unruhigen Schlaf fiel.

Am nächsten Tag erwachte ich. Ich hatte kein Fieber mehr und fühlte mich etwas stärker. Ich konnte sogar eine Kleinigkeit zu mir nehmen. Doch schon am Nachmittag bekam ich schweren Durchfall. Heftige Bauchkrämpfe schüttelten mich, bis mein Körper ein einziger Krampf war.

Wieder fuhren wir ins Krankenhaus. Jeder Stein auf der unebenen Schotterstraße durchbohrte meinen gereizten Darm.

»Die Cholera ist auch in dieser Region ausgebrochen. Ich werde Ihnen dagegen eine Spritze geben. Legen Sie sich etwas hin. Es ist ein sehr starkes Medikament und Sie sind noch von der Malaria geschwächt.«

Der Arzt traf einen Nerv an meinem Bein, da er die Spritze falsch am Schenkel ansetzte. Außerdem gab er mir eine zu hohe Dosis, wie ich viele Monate später von einem anderen Arzt erfahren würde. Aber so ist nun mal Afrika. Ein Antibiotikum für hundert Krankheiten.

Ich blieb gleichgültig, zu geschwächt, um noch einen klaren Gedanken zu fassen. Ich wusste nur eins: Ich würde durchhalten und meine traditionelle Ausbildung absolvieren.

Sollten sie mich nur testen, diese Spirits, so schnell gäbe ich nicht auf!

Auch wenn es mein Leben kosten sollte, ich wollte eine weise Frau werden. Kaum hatte ich die Augen geschlossen, schlief ich auch schon ein.

Erst eine Woche nach der Malaria-Diagnose hatte ich mich halbwegs erholt. Ich überwand meine größte Angst, die Angst, in Afrika an einer fürchterlichen Krankheit zugrunde zu gehen.

Mit meinen gepackten Sachen verabschiedete ich mich von meinen Freunden und fuhr zu Mama Fatuma. Katana kam mit, da mein Suaheli langsam besser wurde, aber noch lange nicht ausreichte.

Die Medizinfrau erwartete uns bereits. Unter einem angenehmen, kühlen und schattigen Platz ließen wir uns auf Strohmatten nieder.

»Shani, geht es dir wieder besser? Ich habe gehört, dass du einen schweren Malariaanfall hattest«, erkundigte sie sich.

»*Nzuri mama*, mir geht es gut!«, sagte ich stolz mit meinem neu erlernten Suaheli-Vokabular.

Mama Fatuma sah mich erstaunt und zugleich amüsiert an. Ich glaube, sie war wirklich erheitert darüber, dass sie die Lehrerin einer Europäerin sein konnte. Immerhin kam das ja nicht alle Tage vor.

»Shani«, sprach sie, »bevor du meine Schülerin wirst, musst du einige Dinge wissen und verstehen. Du hast nun den ersten Schritt getan und bist auf dem Weg in ein traditionelles Leben. Ich muss dir ein paar Fragen stellen. Hast du einen Freund? Bist du verheiratet und hast du Kinder?«

»Ich bin nicht verheiratet, habe auch keine Kinder. Aber ich … ich bin mit Katana zusammen.«

Ich wurde etwas verlegen, immerhin war Mama Fatuma eine hohe Respektsperson und so viel wusste ich schon, dass man als junger unverheirateter Mensch hier in Kenia die Älteren damit beleidigte, wenn man vor ihnen seine intime Sphäre darlegte oder wild vor ihnen herumknutschte. Es war kein Problem, eine Liebesbeziehung zu haben, aber man sprach darüber im kleinem Kreis, außer man wollte heiraten.

»Ah, Katana! Ich hatte so ein Gefühl, dass du mit ihm zusammen bist. Ihr haltet es aber sehr versteckt. Gab euch die Familie denn nicht ihren Segen?«, fragte Mama Fatuma.

»Nein, seine Ziehfamilie wollte nicht, dass ich mit ihm zusammen bin. Katana und ich wohnen seit einem Monat bei seinem Schwager. Wir haben nun auch beschlossen zusammenzuziehen, ohne irgendwelche Verwandten. Ein ehemaliger Lehrer von Katana hat uns ein Zimmer in einem kleinen Dorfkrankenhaus gegeben, das seine Ehefrau leitet.«

Ich erklärte ihr, dass Katanas Familie es nicht dulde, dass wir zusammenlebten, da wir nicht verheiratet waren und Katana davor mit einer Frau zusammen gewesen war und mit ihr eine Tochter hatte. Diese Frau lebte bei Katanas leiblicher Mutter und um das Kind wurde sich gut gekümmert. Außerdem, sagte ich Mama Fatuma, kenne diese Frau mich und habe kein Problem mit mir. Nur Katanas Zieheltern würden kein Wort mehr mit ihm reden. Auch das erzählte ich Mama Fatuma.

»Ich verstehe. Ich stelle dir diese Fragen, da es in unserer Tradition Brauch ist, dass die Schülerin einer Medizinfrau die Möglichkeit hat, mit einem Partner die Ausbildung zu machen. Die Frau wäre dann für den empfänglichen, intuitiven, der Mann für den aktiven Teil zuständig. Es sollte eine Harmonie zwischen diesen beiden Menschen entstehen, denn ich kann dir nur sagen, dass es nicht einfach für dich sein wird, einen Partner zu finden, der versteht, was du machst. Ein *Mganga* zu sein bedeutet, viele Opfer auf sich zu nehmen. Viele Menschen werden vor dir Angst haben und einige werden deinem Wissen folgen. Als *Mganga* bekommst du Macht. Es ist ein Geschenk von *Mungu*, den du *Gott* nennst. Diese Macht musst du mit aller Ehrlichkeit und Demut gebrauchen. Du kannst damit heilen, aber auch töten. Ich kann dir die heiligen Pflanzen zeigen und wie du sie richtig gebrauchst. Mit diesen Pflanzen kannst du heilen, doch wenn du sie nicht richtig benutzt und dosierst, wenn du sie mit den falschen Geistern gebrauchst, wirken sie schädlich und sogar tödlich. Katana kommt aus einer sehr alten *Mganga*-Familie. Sein Großvater war ein bekannter Medizinmann und Katana half seinem Großvater bei der Heilerarbeit. Er kennt die Zeremonien, er kennt die Lebensweise der *Waganga - der Medizinleute*. Ihr könnt euch entscheiden, ob ihr zusammenarbeiten wollt. Es würden viele wichtige Lektionen auf euch zukommen.«

Einige Zeit sann ich über Mama Fatumas Worte nach. Ich kam zu ihr, um allein zu arbeiten, doch es hatte auch seinen Reiz, einen Partner zu haben, der diese Art von Arbeit kannte, ja, sogar mit mir zusammen lernen würde und mich verstünde.

»Ich habe deine Worte verstanden und ich bin dir sehr dankbar. Katana und ich werden uns überlegen, ob wir zusammenarbeiten wollen«, sagte ich, bevor ich mich von ihr verabschiedete.

Einige Stunden später beschlossen Katana und ich zum Strand zu gehen. Der Indische Ozean erstreckte sich vor uns in türkisfarbenem Blau. Palmen bewegten sich im Wind leicht hin und her und bedeckten unsere Körper mit ihren Schatten. Einige Fischerboote schaukelten im offenen Meer, die Männer in ihnen warfen Netze aus und warteten geduldig auf ihren nächsten Fang.

Katana und ich hatten auf dem Weg zum Strand kein Wort gesprochen. Jeder hing seinen eigenen Gedanken nach. Ich genoss die Ruhe, die das Meer auf mich ausstrahlte, und war glücklich, in einem so schönen Land zu leben.

Alles war neu für mich und trotzdem beschlich mich das Gefühl, dass mir alles bekannt sei. Ich erinnerte mich wieder an Mama Fatumas Worte ... dass Katana und ich noch eine Entscheidung fällen müssten.

»Was meinst du, Katana, willst du auch ein *Mganga* werden? Mama Fatuma meinte, dass eine Medizinperson viele Opfer auf sich nehmen müsse. Doch ich denke, dass ich ohne diese Opfer niemals lernen könnte. Das Leben gibt uns die notwendigen Lektionen, auch wenn sie schwer zu verstehen sind, ja sogar fürchterlich ausfallen – aber gerade dann können wir immer aus ihnen lernen.« Ich nahm Katanas Hand und sah ihm in seine lächelnden Augen. »Bevor ich hierherkam, hatte ich auch schreckliche Angst, ich wusste nur, ich muss jemanden finden wie Mama Fatuma. Dass jetzt alles so schnell ging, ist überraschend und doch auch wieder nicht. Ich habe mir davor nie Gedanken gemacht, ob ich mit einem Mann zusammen ein Leben als Heiler führen möchte. Allerdings kenne ich das Gefühl, von einem Mann nicht verstanden zu werden. In meinem Denken und Handeln.«

Daraufhin begann Katana zu erzählen.

»Mama Fatuma hat einige Sachen vor dir verschwiegen. Sie erzählte mir schon vor einem Jahr, bevor ich dich überhaupt kennengelernt habe, dass eine Frau in mein Leben treten werde. Eine Frau, die von sehr weit kommen und mich vor einer wichtigen Entscheidung stellen wird. Ich habe immer wieder überlegt, ob ich ein *Mganga* werden soll. Mein Großvater erzählte mir immer, ich hätte besondere Fähigkeiten dafür. Ich habe starke Träume und sie handeln von Geistern und Ahnen. Ich glaube, ich werde in die Fußstapfen meines Großvaters treten und auch ein *Mganga* werden.«

»Bist du dir ganz sicher, Katana? Sagt dir das dein Herz?«

Ich wurde misstrauisch, da ich nicht mit Bestimmtheit sagen konnte, ob Katana im Eifer unserer Liebe sprach oder er auch ohne mich diese Entscheidung treffen würde. Doch Katana nickte und sah mir tief in die Augen. Ja, sein Wunsch, auch ein *Mganga* zu werden, stimmte, doch war es das Richtige für mich? Wollte *ich* denn mit einem Partner zusammenarbeiten?

Ich erschrak etwas über meine eigenen Gedanken. Für unsicher, egoistisch und unerfahren hielt ich mich. Außerdem wollte ich einfach frei sein, nicht abhängig von einem anderen. Wenn ich mit Katana die Ausbildung machte, hieß das auch, wir würden auf einer bestimmten Ebene ein Bündnis schließen, und dafür fühlte ich mich noch nicht bereit. Trotzdem beschlichen mich auch andere Gedanken. Vielleicht war jetzt die Chance gekommen, die Lektion angesagt, Liebe zu leben, ohne aber den anderen einzuschränken. Wahre göttliche Liebe zu erfahren innerhalb einer Beziehung. Wir sollten uns *nur* genügend Freiraum geben, uns selbst treu bleiben, dann hätten wir vielleicht die Möglichkeit, nebeneinander auf unseren spirituellem Weg zu schreiten.

Leichter gesagt als getan.

Ein unruhiges Gefühl überkam mich. Ich folgte den Fäden des Gefühls bis zu seinem Ursprung. Was war es, das mich so beunruhigte? Und tatsächlich entdeckte ich das Wesen meiner Angst.

Zugegebenermaßen erkannte ich, dass ich nicht ehrlich zu mir selbst war. Ich hatte Angst davor, alleine als *Mganga* zu arbeiten, alleine die Verantwortung zu übernehmen. Und ich wusste gleichzeitig, dass niemand die Angst entscheiden lassen sollte.

Dennoch packte mich eine tiefe Sehnsucht. Die Sehnsucht nach einem Partner, einem Seelenpartner, der verstünde, was ich machte und wieso ich das alles machte.

Bis dahin hatte ich noch keinen Mann getroffen, der mir gesagt hatte, dass er auch ein *Mganga* werden wolle. Meine vorherigen Männerbeziehungen glichen eher einem emotionalen Chaos. Die Männer erschraken oder waren verwirrt, wenn ich ihnen den geheimen Teil meines Selbst offenbarte.

Auf einmal war ich ihnen *zu kompliziert, zu intensiv* gewesen, aber hier saß nun ein Mann vor mir, der das gleiche Ziel verfolgte. Katana wollte sich mit mir den Lektionen des Lebens stellen.

Eine Macht floss durch meine Glieder und kurz flackerte ein Bild vor meinen Augen auf. Ein kleiner Junge und ein Mädchen, beide Afrikaner, gingen gemeinsam auf einem sandigen Weg. Das Mädchen trug geschickt einen Wasserkrug auf dem Kopf. Er hielt seinen selbst gemachten, kindlichen Speer in den Händen. Sie unterhielten sich in einer fremden Sprache, waren beste Freunde wie Bruder und Schwester. Plötzlich war ich das kleine Mädchen und blickte in die Augen meines Bruders.

Ich blinzelte und die Vision verschwand so augenblicklich, wie sie gekommen war. Doch ich sah noch in dieselben Augen wie in meiner Vision zuvor. Es waren Katanas Augen, die mich freundlich anblickten. Ich spürte unsere Gemeinsamkeit in meinem Herzen. Was auch daraus entstehen und werden konnte … ich ließ mich auf den Tanz mit ihm ein, denn ich fühlte, dass wir gemeinsam etwas lernen konnten.

Die erste Zeremonie der Initiation

»Ich verstehe das nicht. Bitte erkläre mir das noch einmal, Mama Fatuma.« Meine Lehrerin und ich saßen am frühen Vormittag auf unseren Strohmatten im Schatten vor ihrem Lehmhaus. Es war ruhig um uns herum. Mama Fatuma hatte die Kinder mit einem großen Strauch und lautem Gezeter weggescheucht. Sie hatten kurz aufgeschrien und waren dann lachend weggerannt. Seit einer Stunde bereits erklärte sie mir die verschiedenen Richtungen, die eine Medizinperson einschlagen konnte. Doch es fiel mir schwer, ihr zu folgen, da ich nur jedes zweite Wort verstand. Mama Fatuma blieb geduldig mit mir. Ihre sanfte Art, die Dinge in die Hand zu nehmen und zu erklären, beeindruckte mich zutiefst. Nie verspürte ich auch nur den Hauch von Trotz in mir hochsteigen, wenn sie mich tadelte oder manchmal in herrischer Art mit ihren drei Schülerinnen umsprang. Wir befolgten schnell ihre Anweisungen, denn wir respektierten sie alle als Person hohen Ranges.

Mama Fatuma hielt kurz inne, bevor sie das Gespräch wieder aufnahm. »Unsere Pygmäen-Ahnen waren es, die uns das alte Wissen der Heilpflanzen hinterließen. Sie gehören zu unseren ältesten Ahnen. Ein *Mganga* kommuniziert mit Gott, doch die Vermittler sind unsere Ahnen oder auch Spiritwesen wie Geisthelfer und Geisttiere. Oft verstehen wir das Göttliche in das Handeln Gottes nicht. Manchmal können wir seine Sprache nicht übersetzen. Dabei helfen uns unsere Ahnen. In manchen traditionellen Stämmen gibt es den Glauben an mehrere Götter, doch diese sind letztendlich ein Gott.

Die göttliche Essenz, Energie, kann sich genauso gut in verschiedenen Formen zeigen wie etwa in Gestalt der Fruchtbarkeit bringende Göttin oder des Regen machenden Gottes. Egal, wie du das Göttliche benennst, ob Allah, Gott, Göttin, *Mungu*, immer sprichst du von derselben Essenz. Doch gehen wir zurück zu den Ahnen.

Damals, als du die Zeremonie mit *Mganga* Strong Bear gemacht hast, bist du an einen Ort gereist, wo sich der Rat der Ältesten befindet. Dieser Ort kann außerhalb deines Körpers sein, ist aber auch immer in deinem Körper. Dort kannst du nachfragen, warum du oder jemand anders krank ist, was du tun musst, um eine Person zu heilen. Du kannst viele Geheimnisse entdecken – doch du musst dich auch selbst als mutig und ehrlich erweisen.«

»Das heißt, dass du immer zu diesem einen Ort reist, bevor du eine Person heilst?«, wollte ich von ihr wissen.

»Nicht ganz. Ein *Mganga* ist fähig, in verschiedenen Welten ein und aus zu gehen. Es ist vollkommen illusorisch, nur von einer Welt zu sprechen, von einer Realität. Der Ort, an dem meine Ahnen mich beraten, ist vielleicht ein ganz anderer für dich. Du kennst schon einige Welten, das musst du auch, wenn du ein *Mganga* werden möchtest, doch es gibt noch unendlich viele. Sei also auf der Hut. Strebe nicht nach Macht, denn Machthunger entsteht durch Angst. Folge deinem Herzen und den Worten deiner höchsten Ahnen, denn sie bringen dich zum richtigen Zeitpunkt dorthin, wo du lernen kannst. Du wirst im Laufe deiner Ausbildung lernen, wie du gut in die unterschiedlichen Welten reisen kannst, ohne dass dir etwas passiert, und du das Wissen in dieser Realität einsetzen kannst, das du von dort mitnimmst. Manchmal gehst du auch nicht zu den Ahnen, sondern die Ahnen werden zu dir kommen. Sie werden dir Träume und Visionen schenken. Auch die Pflanzen werden zu dir kommen und mit dir sprechen. Ich werde dich beobachten und leiten, ansonsten bist du auf dich selbst gestellt. Du kannst Fragen stellen, doch beobachte mich und du wirst lernen.«

»Es ist manchmal schwer für mich, die vielen Träume gut zu deuten. Ich merke, dass es eine eigene Kunst ist, dies zu tun.«

»Ja, es erfordert viel Geduld und gutes Zuhören. Sei ganz still in deinem Sein und du wirst die Antworten bekommen. Du musst neutral sein, denn ansonsten vermischen sich die Träume der anderen mit den deinen.«

»Kann ich denn ganz neutral sein? Ist es nicht so, dass alles, was ich tue, andere beeinflusst – so, wie andere mich beeinflussen?«

»Nicht, wenn du es nicht willst. Du benötigst Energie, Kraft und Konzentration, um dich nicht ablenken zu lassen. In einem traditionellen Leben ist es auch nicht einfach, sich nicht ablenken zu lassen, doch wir haben hier Rituale und Zeremonien, die diese innere Kraft von Neuem stärken können.«

Gedankenversunken starrte ich auf einen Tausendfüßler, der direkt auf mich zukroch. Mit einem Holzstecken geleitete ich ihn wieder zurück in den Busch.

Mama Fatuma beobachtete die Szene und fing an zu kichern. Sie konnte sich kaum halten. Verwundert blickte ich sie an.

»Shani, Shani, du denkst zu viel nach. Das ist die Krankheit der heutigen Jugend und von denen, die aus der Stadt kommen. Ich werde dir erklären, was als Nächstes kommt, bevor du noch mehr Gedankenwelten erschaffst. Katana hat nun auch beschlossen ein *Mganga* zu werden. Doch für weibliche und männliche Schüler gibt es unterschiedliche Ausbildungen und Prüfungen. Die Ältesten werden euch zu gegebener Zeit testen, aber so weit ist es noch nicht. Es gibt in Afrika fast mehr Medizinfrauen als Männer, auch wenn so mancher das Gegenteil behauptet. Viele Medizinfrauen arbeiten im Geheimen. Es sind die Männer, die von den Frauen lernen, wie sie ihre intuitive Seite benutzen können. Du wirst lernen, deine intuitive, deine empfängliche Seite zu schulen und zu gebrauchen. Deine Ahnen klar und deutlich zu hören und zu verstehen. Katana wird lernen, wie er eine Zeremonie gestalten kann und wie er die Pflanzen zu präparieren hat. Ihr beide werdet voneinander lernen, euch austauschen, bis ihr euch ergänzt.«

»Da haben wir ja noch einen langen Weg vor uns.«

»Ja, du gehst zwar jetzt durch eine Initiationsphase, doch das heißt noch lange nicht, dass deine Ausbildung zu Ende ist. Du wirst dein ganzes Leben lernen. Ich kann dir nur zeigen und lehren, was ich gelernt habe. Vielleicht musst du auch zu anderen

Medizinleuten gehen, damit du etwas Bestimmtes lernen kannst, was nur sie dir beibringen können. Es kommt oft vor, dass man die eigenen Schüler zu anderen Lehrern bringt, damit sie Vielfalt und heiliges Wissen erlangen.«

»Manche Medizinleute hier an der Küste meinen, sie könnten jede Krankheit heilen und für alles einen Schutz und einen Segen bieten. Ist das nicht etwas übertrieben, Mama Fatuma?«

»Oh ja, es gibt einige Scharlatane, die mit dem wenigen Pflanzenwissen, das sie besitzen, angeben wie der Löwe in der Savanne. Es gibt aber auch Medizinleute, die sehr mächtig sind. Sie sind die heiligen Männer und Frauen unter uns, die sich auf vielen Gebieten der Heilung von Körper, Geist und Seele auskennen.«

Mama Fatuma stand auf und machte uns einen Tee. Wir gingen hinter das Haus und setzten uns auf kleine Holzschemel unter den großen, schattigen Mangobaum. Obwohl es heiß war, tat es gut, den frisch gebrühten Tee zu trinken.

Mama Fatuma nahm einen Schluck und fuhr fort: »Deine Initiation beginnt damit, dass du und Katana durch eine Schutzzeremonie geht, da es genug dunkle Mächte gibt, die gegen euch arbeiten könnten. Außerdem habt ihr nicht den Segen der Familie über euch. Das könnte auch Probleme geben. Deswegen ist es wichtig, dass ihr geschützt seid. Dann musst du dich vier Tage lang geistig und körperlich reinigen. Du darfst keinen Fisch essen oder Sex haben während dieser Zeit. Außerdem darfst du dieses Grundstück nicht ohne meine Erlaubnis verlassen. Es wird immer eine Medizinfrau an deiner Seite sein und dich beobachten. Aber genug geredet, lass uns anfangen!«

Mama Fatuma stand leichtfüßig von ihrem Schemel auf und ging zu einer kleinen Gruppe Frauen. Einige von ihnen waren ihre Schülerinnen. Streng unterwies sie jede einzelne und gab ihnen verschiedenste Aufgaben, die sie eiligst zu erledigen hatten.

Ich richtete mich in Mama Fatumas Haus ein. Sie gab mir ihr *Gästezimmer*, in dem normalerweise die Frauen mit den Kindern oder ein Besuch schlief. Jetzt war der Raum für mich frei gemacht worden. Ich hatte nicht sehr viel nach Afrika mitgenommen.

Meine Tasche mit den wenigen Habseligkeiten stellte ich in die Ecke des Raumes. Dort stand auch eine kleine Kerosinlampe, die ich in der Nacht anzünden konnte. Meine Medizinsachen waren in einem kleinen Rucksack verstaut und damit sicher vor den frei laufenden Hühnern und den jungen Hundewelpen, die sich nicht nur draußen, sondern auch überall im Haus tummelten.

Katana half mir, meine Schlafstelle zu machen. Er hatte mir eine Plastikplane besorgt, welche er sorgfältig auf die kalte, etwas feuchte Erde legte, gefolgt von einer etwas schäbigen und zerrissenen Matratze. Dann spannte er ein löchriges Tuch über mein neues Bett.

Zufrieden blickte er sich um und sah mir zu, wie ich mich hinlegte.

Er beugte sich zu mir runter und grinste mich verstohlen an.

»Es wird mir ganz schön schwerfallen, dich jetzt die ganze Zeit unberührt zu lassen.«

»Katana, bitte, nicht so laut! Vielleicht hört uns Mama Fatuma«, sagte ich verlegen und grinste ihm schelmisch ins Gesicht.

»Aber küssen darf ich dich noch, oder?«

»Ich glaube, gegen einen kleinen Kuss hat keiner etwas einzuwenden … aber nur einen kleinen!«

Die Kühle in der Hütte war angenehm. Immerhin hatte die Sonne nun ihren Höhepunkt erreicht und brannte auf das Land nieder. Jeder, der noch bei Sinnen war, machte jetzt eine kleine Pause und ruhte sich im Schatten eines Baumes oder im Haus aus. Katana und ich machten es uns gemütlich und schliefen ruhig nebeneinander ein.

Die zweite Zeremonie der Initiation

Ihr Geister, Ihr Geisttiere und Geistpflanzen!
Lange habe ich auf diesen Moment gewartet.
Euch zu verstehen, Euch zu sehen und zu spüren.
In meiner Nähe.
Ganz nah seid Ihr nun bei mir.
Spüre Euren Atem, Euer Wissen nicht fern.
Seid willkommen, so grüße ich Euch.
Seid willkommen in meinem Herzen und lehrt mich.
Ihr Geister, Ihr Geisttiere und Geistpflanzen.
All meinen Respekt und Dank.

Hamdi, ein junger moslemischer Medizinmann und Freund von Mama Fatuma, hielt für Katana und mich die Schutzzeremonie ab. Danach holte meine Lehrerin mit anderen Medizinfrauen verschiedene Pflanzen aus dem Busch. Diese gaben sie in einen großen Tontopf und vermischten sie mit Wasser. Dabei berücksichtigten die weisen Frauen jeweils die vier Elemente, denn es gibt Wasser-, Erd-, Luft- und Feuerpflanzen, die wiederum für die jeweiligen Elementargeister stehen.

Meine Ahnen mussten aber zuerst diesen Topf weihen und ihren Segen aussprechen, bevor ich vier Tage lang mit ihm arbeiten konnte. Die Medizinfrauen bereiteten eifrig alles für diese notwendige Zeremonie vor. Wir, das hieß meine Lehrerin, ihre Schülerinnen und andere Medizinleute, darunter Frauen als auch Männer, versammelten uns anschließend in meinem Raum. Die Medizinmänner griffen nach ihren Rasseln, räucherten sie mit Weihrauch und fingen an, sie langsam hin- und herzuschwenken.

»*Twende, twende!*«, fing eine junge Medizinfrau an zu singen. Die anderen fielen in den melodiösen Gesang ein. Diesmal fühlte ich mich gefasster und ließ mich fallen. Ich erschrak jetzt nicht mehr, wenn eine Medizinperson anfing, wie wild zu schreien, denn ich wusste, sie rief meine Ahnen herbei.

Manche lockten diese mit süßlich, lieblichen Stimmen, andere wiederum schrien mich herrisch an. Mein Körper fing an zu zucken. Ich verlor wieder die Kontrolle über ihn. Ein Gefühl entstand, als ob mein Kopf sich weit öffnete.

Dann war es soweit. Ich fiel in einen tiefen Trancezustand.

Die Ahnen gebrauchten vier Stunden lang meinen Körper. Die Medizinleute beteten zu ihnen. Sie baten die Spirits mich zu lehren, mir heilige Zeremonien beizubringen und mir die Pflanzen im Busch zu zeigen, damit ich heilen könnte.

Nach genau vier Stunden akzeptierten meine Spirits schließlich den Topf, machten ihn damit heilig, indem sie ihn in die Hände nahmen, ihn zum großen göttlichen Geist emporhoben und ihn von den ältesten Medizinleuten segnen ließen.

Nach der Zeremonie gingen die Medizinleute nach Hause und ich legte mich erschöpft auf meine Schlafstelle. Mama Fatuma betrat den Raum, in dem ich untergebracht war.

Sie sah mich eine Weile an, dann sprach sie: »Ein *Mganga* schläft nicht, sondern träumt! Eine Medizinfrau wird jede Nacht mit dir im Zimmer schlafen. Wenn du in der Nacht aufwachst und auf die Toilette musst, dann wecke sie auf. Geh auf keinen Fall alleine in den Busch. Um fünf Uhr morgens wirst du geweckt. Gute Nacht!«

Ein altes, zahnloses Weiblein kam in den Raum. Bunte Perlenketten hingen quer über ihrer Brust. Sie hatte kurze graue Haare und ein warmes freundliches Gesicht. Wie es bei den traditionellen Frauen der Brauch war, hatte sie unter ihrem Kanga ein Tuch, welches um ihre Hüften und Beine gewickelt war, eine Art Kissen, damit Hüften und Hinterteil noch üppiger aussahen. Dies galt als besonders attraktiv.

Wortlos legte sie sich zu mir.

Sie roch stark nach Urin und Schweiß. Dieser olfaktorische Umstand schien sie jedoch nicht sehr zu beunruhigen, denn kaum hatte Mama Fatuma uns verlassen, hörte ich sie leise schnarchen.

Auch ich fiel, kaum hatte ich die Augen geschlossen, in einen tiefen Schlaf und fing an zu träumen.

In meinem Traum befand ich mich mit Freunden in einem Zimmer. Alle wollten Eis essen und ich ging los, um es zu kaufen.

Ich traf auf einen Eisverkäufer. »Deine Spirits möchten Schokolade und Zigaretten!«, sprach er.

Er öffnete seine Gefriertruhe, um mir ein Eis zu geben. Ich konnte erkennen, dass sich neben dem Eis in der Truhe außerdem noch Fleisch befand.

Ich kostete von einem lecker aussehenden Rohschinken. Auch der Eisverkäufer nahm ein Stück davon, meinte aber, dass dieser nicht genießbar sei. Er sagte mir auch, dass ich kein Fleisch essen solle.

Nachdem ich mich bei ihm bedankt hatte, kehrte ich zu meinen Freunden zurück. Doch als ich dort ankam, waren sie alle nicht mehr da. Stattdessen stand Mama Fatuma im Raum. Sie trug ein weißes Tuch um ihren Körper. Ich stellte mich direkt vor sie.

»Du hast auch arabische Spirits«, fing sie an zu sprechen. »Doch es fällt ihnen schwer, durch dich zu sprechen. Deshalb trage ich dir dies auf dein Gesicht auf.«

Kaum hatte sie zu Ende gesprochen, strich mir Mama Fatuma jeweils einen dicken Streifen schwarzer Farbe auf die Wangen. Sie setzte an den Augenpartien an und zog ihren Finger quer nach unten.

Danach verließ ich den Raum und gelangte auf eine Straße. An einer Ecke wurde gerade ein kleiner Markt aufgebaut. Ich näherte mich einem Stand, der mein Interesse erweckt hatte, denn hier wurden Medizingegenstände verkauft. Ein Händler sah mich ein wenig arrogant an, dann bot er mir alle möglichen Arten Federn an.

Auf den ersten Blick glaubte ich Straußenfedern gesehen zu haben, doch sie verwandelten sich in lange schwarze Federn. Der Verkäufer meinte, diese seien von einem Raben. Ich glaubte ihm nicht, denn Rabenfedern waren kürzer und hatten einen blaugrünen Schimmer – keines von beiden traf auf sie zu. Gelangweilt ließ er mich achtlos stehen und ging nicht auf meine Fragen ein. Und so blieb es auch: Er wollte mir keine Informationen geben.

So ging es die ganze Nacht lang weiter. Die Ahnen zeigten mir noch viele Lektionen. Sie erzählten mir von der Zukunft: dass mein Vorhaben, eine weise Frau zu werden, gelingen werde. Ich müsse aber noch viel lernen und einige wichtige Entscheidungen im Leben treffen, damit ich dieses Ziel auch erreiche.

Punkt fünf Uhr weckte mich das alte Weiblein. Ihre Aufgabe bestand darin, immer auf mich aufzupassen – Tag und Nacht. Sie stand schon um vier Uhr morgens auf, um Feuer in der Küche zu machen und den heiligen Topf mit den Pflanzen zu erhitzen.

Als das Wasser im Topf anfing zu kochen, nahm sie ihn von der Feuerstelle und stellte ihn auf den Boden. Ich musste mich vor ihn setzen, den Kopf direkt darüber halten und ein Tuch über meinen Kopf legen.

Ich kam mir vor wie in Großmutters Stube, die mir einst Dampfbäder mit Kamille und Salz verabreichte, damit sich mein Husten legte. Doch diesmal war ich weder krank noch enthielt der Topf Kamillenblüten und Salz.

Während ich inhalierte, zogen die Dämpfe in meinen Körper und reinigten ihn und meinen Geist. Die Pflanzen begannen mit mir zu sprechen und schenkten mir Visionen.

Ich fiel für eine Ewigkeit in den Topf, doch es vergingen nur wenige Minuten. Zurück kam ich mit einer Handvoll Wissen. Danach musste ich in mein Zimmer gehen und mich mit dem restlichen Wasser im Topf von Kopf bis Fuß gründlich waschen. Alle Körperstellen mussten von dem Wasser berührt werden.

Als ich fertig war, zog ich schnell meinen langen Jeansrock an und dazu ein altes T-Shirt. Mama Fatuma, ihr Ehemann und einige Kinder von nahen Verwandten waren auch schon auf den Beinen.

Als ich ins Freie trat, bedeckte ein goldroter Glanz der aufgehenden Sonne den Platz vor Mama Fatumas Hütte. Ich fühlte mich frisch und lebendig. Einige Hühner liefen wild umher, da einer der sieben hier lebenden Hunde sie jagte. Ich wunderte mich jedes Mal sehr über diese Hunde. Mir schien es, als wären sie keine normalen Tiere. Zu aufmerksam beobachteten sie die vielen Menschen, die hier ein und aus gingen.

Hahnengeschrei und Hundegebell rissen mich aus den Gedanken. Ich beobachtete die Kinder, wie sie eifrig den Hofplatz fegten. Eine kleine Gruppe von Frauen, ein paar kannte ich von meinen Zeremonien, hackten neben dem Haus Holz. Andere Frauen balancierten bunte Plastikeimer voll Wasser auf den Köpfen. Als sie mich sahen, grüßten sie mich freundlich.

Ich erwiderte ihren Gruß. Mein Herz machte einen Freudensprung, als ich in der Ferne eine mir sehr vertraute Person wahrnahm. Katana kam mir strahlend entgegen.

Er durfte während dieser Zeit nicht bei mir schlafen und wohnte in der Zwischenzeit in unserem kleinen gemieteten Zimmer im Dorfkrankenhaus, etwa zwanzig Minuten zu Fuß von Mama Fatumas Haus entfernt.

Schnell legte er mir einen verstohlenen Kuss auf den Mund. Wir zwinkerten uns an, ein schelmisches Lächeln machte sich auf seinem Gesicht breit, dann setzten wir uns vor die Hütte auf zwei Klappstühle. Aruni, der Sohn von Mama Fatumas Cousin, brachte uns eine heiße Tasse schwarzen Tees. Langsam schlürften wir das Getränk, unser Frühstück, denn mehr gab es im Hause nicht.

Baba Saidi, der Ehemann meiner Lehrerin, kam gemächlich um die Ecke. Als wir ihn sahen, grüßten wir ihn respektvoll. Ich bot ihm meinen Stuhl an. Wohlwollend nickte er mir zu.

Flink nahm ich eine kleine Holzkiste, die neben uns stand, und setzte mich wieder. Dann kam Mama Fatuma aus ihrem Zimmer. Katana und ich begrüßten sie respektvoll. Ich bot ihr sofort meinen Sitzplatz an. Da es keine anderen Sitzflächen mehr gab, setzte ich mich auf den Boden.

Die nun folgende – lange – Begrüßung verstand ich kein bisschen, da alle Anwesenden *Kigiriama* sprachen.

Wieder riss mich Mama Fatuma aus meinen endlosen Gedankenspiralen. »Shani, guten Morgen! Geht es dir gut? Hast du gut geschlafen?«

Ich konnte mir ein Lächeln nicht verkneifen. Sie hatte mich schon wieder beim Grübeln erwischt.

»Ja, Mama, ich habe viel geträumt und auch schon mit dem heiligen Topf gearbeitet.«

»*Aaah washi washi*«, sagte Mama Fatuma und während ein lustiges Lachen ihre Kehle schier zerriss, ahmte sie Waschbewegungen nach.

Danach folgte ein Schwall von Sätzen auf *Kigiriama*, woraufhin alle zu lachen anfingen.

»Mama Fatuma«, übersetzte mir Katana, »hat gerade gesagt, dass sie noch Englisch lernen wird. Sie hat sogar einen neuen Ahnen, der ein weißer Engländer ist, ein *Mzungu*!«

Bei dem letzten Wort kamen Tränen aus Mama Fatumas Augen, so köstlich amüsierte sie sich darüber. Ihr Lachen wirkte ansteckend und obwohl ich alle weiteren Worte aus ihrem Mund ebenso wenig verstand wie die davor, musste ich mitlachen.

Schlagartig wurde meine Lehrerin wieder ernst. »Shani, erzähl uns doch, was du heute geträumt hast. Wir werden versuchen deine Träume zu deuten.«

Ich sammelte mich kurz, dann erzählte ich alles von Anfang an. Die Sache mit dem Eisverkäufer und dem Rohschinken.

Als ich geendet hatte, besprachen sich Baba Saidi und Mama Fatuma kurz. Dann richteten sie ihre volle Aufmerksamkeit wieder auf mich.

»Der erste Teil deines Traumes«, sprach Mama Fatuma und lächelte mir freundlich zu, »ist einfach und ich glaube, du verstehst ihn auch. Deine Spirits mögen Schokolade und Zigaretten, deswegen rauchst du auch so gerne. Während deiner Initiationszeit wollen sie nicht, dass du Fleisch isst. Sie prophezeien dir, dass du Erfolg in deiner Arbeit haben wirst und damit Geld verdienen kannst. Das ist ein gutes Zeichen. Du wirst mit deiner Arbeit nicht nur materiellen Gewinn machen, sondern auf allen Ebenen reich beschenkt werden. So sieht der Stand der Dinge aus. Doch dieser kann sich verändern, je nachdem, wie du dich entscheidest.«

Schließlich erhob sie sich von ihrem Sitz. Bevor sie hinter dem Haus verschwand, drehte sie sich kurz zu mir um.

»Zu Mittag und am Abend musst du wieder mit dem heiligen Topf arbeiten. Drei Tage noch wirst du dich dreimal täglich mit dem Pflanzenwasser waschen und mit dem Topf arbeiten!«

Die dritte Zeremonie der Initiation

In meiner zweiten Nacht schenkten mir die Ahnen wieder kraftvolle Träume. Doch kurz bevor ich aus der Traumebene kam, geschah etwas Seltsames. Ich träumte, dass ich vor einer Hütte stand. Ich hatte eine wilde Affäre mit einem weißen Mann. Er glich einem jungen Adonis in seinen besten Jahren: muskulös, blond und blauäugig, ein wahrlich wunderschöner, großer, stattlicher Mann. Seine Augen verführten mich und ich verliebte mich auf der Stelle in ihn.

Nach einiger Zeit trennten wir uns jedoch. Er ging seinen Weg und ich den meinen. Eines Tages schlenderte ich durch die Stadt und sah plötzlich wieder diesen wunderschönen geheimnisvollen Mann. Ich verliebte mich auf der Stelle abermalig in ihn und wollte mich schon in seine Arme stürzen, doch er rannte davon, stieg in ein Auto und fuhr weg.

In meinem Wagen nahm ich sofort die Verfolgung auf. Ich war wie von Sinnen und unterlag meinem Liebesrausch. Er hatte mich verzaubert, mich eingewickelt, sodass ich nicht mehr mir selbst gehorchte. Und noch schlimmer: ich nicht mehr mir selbst treu war, sondern nur mehr Augen für ihn hatte, ihm gehören wollte. Ich war sogar bereit, mein ganzes Leben wegzuwerfen, um auf ewig mit ihm zusammen zu sein.

Wir erreichten einen Bahnhof. Er riss seine Wagentür auf, rannte zu einem dort stehenden Zug und sprang eilig hinein. Ich folgte ihm bis in einen Zugabteil, wo gerade eine große Party stattfand. Überall standen Leute und tranken Cocktails. Ich erblickte eine Frau und wusste plötzlich, dass sie die neue Freundin meines schönen blonden Mannes war. Sie trug seltsamerweise meine Kleidung. Ich wollte sie schon zur Rede stellen, da entdeckte ich meinen Mann.

Er kam auf mich zu, doch je mehr er sich mir näherte, desto mehr veränderte sich seine Gestalt. Seine blonden Haare wurden schwarz, seine Augen wurden die eines Dämons, leuchtend, rot glühend und gefährlich. Seine Zähne wuchsen in die Länge, zum scharfen, erbarmungslosen Gebiss eines wilden Tieres.

Zu spät erkannte ich die Gefahr in meinem Traum. Ließ mich leiten von einem Liebeszauber, der nur eins im Sinne hatte: mich zu zerstören.

Ich fasste meine ganze Kraft zusammen und wurde mir im Traum vollkommen bewusst, dass ich träumte, damit ich mir den nächsten Schritt gut überlegen konnte. Es blieb mir nur wenig Zeit, das wusste ich, doch es war das erste Mal, dass ich gegen einen Dämon kämpfen musste.

»Ich werde dich umbringen und dir alle Kraft nehmen!«, fauchte mich der Dämon an. Wie versteinert stand ich da, bis der Dämon schon fast meinen Hals würgen konnte.

Nur mit Mühe riss ich mich von ihm los und als ich von seinen furchterregenden Klauen befreit war, rannte ich so schnell ich konnte davon. Ich wurde mir noch bewusster im Traum.

Es gab zwei Möglichkeiten: aufwachen oder diesen Dämon bekämpfen. Doch irgendeine Kraft hielt mich in seinem Bann und es gelang mir nicht, aufzuwachen.

Ich lief so schnell ich konnte einen langen Gang im Zug entlang. Ich öffnete eine Tür an dessen Ende und wollte sie hinter mir verschließen, doch ich bemerkte, dass es keinen Schlüssel gab.

Der Dämon folgte mir. Hektisch sah ich mich im Raum um. Ich versuchte einen Gegenstand zu finden, mit dem ich mich wehren konnte, und fand eine spitze Schere.

In dem Moment riss dieses kaltherzige Wesen die Tür nieder und setzte zum Sprung auf meine Kehle an. Doch ich holte mit der Schere aus und stach ihm direkt ins Herz. Er schwankte zurück. In seinen Augen sah ich Überraschung und Entsetzen. Dann fiel er rücklings nieder.

Rasch nutzte ich den Augenblick und lief in einen anderen Raum – eine kleine Toilette, diesmal mit einer Tür und einem Schloss davor.

»Glaubst du, du kannst mir so leicht entwischen? Du kannst mich nicht töten! *Ich* werde dich jagen und *dich* töten!«, hörte ich seine widerliche Stimme, die mir drohte.

Es ist der Dämon, der Dämon, immer noch der Dämon!, schoss es mir durch den Kopf. Hatte ich ihn nicht gerade getötet? Nun stand er vor dieser Tür, kratzte an ihr und wurde immer wilder und wütender, als er bemerkte, dass sie nicht aufging.

Währenddessen er seiner Wut freien Lauf ließ, zog ich mich durch ein kleines Fenster oberhalb der Toilettenspülung ins Freie.

Doch war ich vollkommen frei?

Ich glaubte es, doch ich hörte immer noch ein lautes Grunzen und Schnaufen des Dämons. Wieder nahm er direkt hinter mir die Verfolgung auf.

Suchend und schnüffelnd wie ein wildes tollwütiges Tier nahm er meine Fährte auf. Verzweifelt versuchte ich wach zu werden – vergebens.

Plötzlich traf ich eine Freundin, die ich schon lange nicht mehr gesehen hatte. Schnell berichtete ich ihr mein Problem und sie sicherte mir ihre Hilfe zu. Blind vertraute ich ihr, da ich sie von früher kannte.

Ein zweiter schwerwiegender Fehler kam auf mich zu.

Sie führte mich zu einem Haus. Zuerst wirkte alles freundlich und ich fühlte mich sicher. Doch als ich ihr Haus betrat und die Eingangstür zufiel, verwandelte sie sich in die Freundin des Dämons, die ich zuvor im Zug in meinen Kleidern gesehen hatte.

»Jetzt haben wir dich!«, sagte sie triumphierend und ihre rot glühenden Augen funkelten mich böse an.

Aus dem Haus wurde ein düsteres, heißes und stickiges Loch. Ich wusste, dass ich diesen Kampf verloren hatte. Gefangen war ich nun im Tempel eines Dämons.

◇ ◇ ◇

Schweißgebadet fuhr ich aus dem Schlaf hoch. Die seltsamen Hunde von Mama Fatuma bellten wie verrückt, so als ob sie die Gefahr gespürt hätten. Es war fünf Uhr morgens. Ich musste zu meinem heiligen Topf gehen, doch ich konnte mich nicht konzentrieren. Der Traum machte mich unruhig und besorgte mich zutiefst.

Als ich Mama Fatuma davon erzählte, fing sie lauthals an zu lachen.

Ich starrte sie nur ungläubig an. »Mama Fatuma, warum lachst du? Sie haben mich entführt. Sie haben einen Teil meiner Seele. Das ist schrecklich und du lachst? Vielleicht sterbe ich jetzt oder verliere meine ganze Kraft, oder …«

Ich konnte nicht weiterreden, denn ich war entsetzt über ihre Gelassenheit angesichts dieser für mich doch so qualvollen Situation.

Je mehr ich mich hineinsteigerte, desto mehr amüsierte sie sich. Auch Katana, der am Morgen zu uns kam, verblüffte ihre Reaktion auf meinen Traum.

Mama Fatuma blickte mich ruhig an und sprach: »Shani, beruhige dich. Ich habe dir doch gestern etwas erklärt. Die Spirits erzählten dir, dass sie dich reich beschenken werden. Sie sprachen nicht nur von materiellen Dingen, sondern auch von Geschenken, die dir helfen werden dich auf allen Ebenen, seien sie geistiger, emotionaler, mentaler oder körperlicher Natur, weiterzuentwickeln.

Wir haben gestern über Entscheidungen gesprochen. Du bist hierhergekommen. Schon bevor du eigentlich gewusst hast, dass du nach Afrika gehst, hat ein Teil von dir entschieden diese Reise anzutreten, denn er brauchte eine bestimmte Erfahrung, damit du weiterwachsen kannst.

Jede Entscheidung zieht eine Konsequenz nach sich, aus der du lernen kannst. Es gibt da kein Richtig oder Falsch. Es gibt Entscheidungen und Konsequenzen und dass du die Möglichkeit hast, daraus lernen zu können.

Du jedoch denkst zu viel über Richtig und Falsch nach. Du nimmst alles viel zu ernst. Zu lernen heißt auch Spaß haben, auch wenn deine Erfahrungen schmerzlich sind und du vielleicht viele Opfer bringen musst.«

»Ich verstehe nicht ganz. Ich wurde letzte Nacht von einem Dämon entführt und soll darüber lachen?«, fragte ich Mama Fatuma bestürzt.

»Genau! Denn du hast die wundervolle Möglichkeit erhalten, etwas über die dunkle Seite zu erfahren. Warum, glaubst du, ist der Dämon durch unseren Schutz durchgekommen?«

»Ich weiß es nicht. Ich dachte, ich wäre gut geschützt«, sagte ich trotzig und gleichzeitig vorwurfsvoll.

»Ich sage dir, ein Schutz ist nur so lange wirksam, solange du auch darauf vertraust. Der Dämon entdeckte eine schwache Stelle in dir. Er gebrauchte deine Angst. Je mehr Angst du hast, desto mehr wird dieser Dämon genährt. Mit deiner Besorgnis schenkst du ihm Energie. Ein richtiges Festmahl für den Dämon … *Mhhhmmm … das schmeckt gut!* –und wenn du so weitermachst, wird er jeden Tag mehrmals eine dicke fette Portion Essen abbekommen.«

»Ich will aber nichts über die dunklen Seiten erfahren. Ich bin hierhergekommen, um mit den hellen Kräften zu arbeiten, um Menschen heilen zu können und um mich zu heilen«, erwiderte ich ihr und klang dabei nicht sehr überzeugend.

»Richtig! Um dich zu heilen und um andere zu heilen, musst du dir deiner Ängste bewusstwerden, der dunklen Seite in uns. Du willst mit der machtvollen hellen Seite arbeiten, dann musst du dich aber auch mit der dunklen Seite konfrontieren, sie kennen und lieben lernen. An einem bestimmten Punkt wirst du dich immer entscheiden müssen. Ich kann dich nichts lehren, wenn du nicht selbst die Erfahrung durchlebst.«

Die strenge Stimme von Mama Fatuma wurde sanfter. »Mach jetzt weiter mit deiner Initiation und versuch in deiner Mitte zu bleiben. Je weniger du Angst vor dem Dämon hast, desto mehr nimmst du ihm seine Macht über dich.«

Mama Fatuma fing bei meinem besorgten Gesicht wieder an zu lachen. Sie machte keine Anstalten, mir irgendwie zu helfen. Ich war vollkommen auf mich alleine gestellt und fühlte mich einsam, ja sogar von meiner Lehrerin verlassen. Ich konnte beim besten Willen immer noch nicht verstehen, wie sie eine solche Situation lachhaft finden konnte.

Auch andere Medizinleute reagierten *sehr gelassen* auf mein Problem. Erkannten sie denn nicht, dass ich in großer Gefahr war? Ich brauchte Hilfe, jetzt und sofort, doch keiner half mir.

Wilde Fantasien gingen mir durch den Kopf. Waren alle gegen mich? Hatten sie sich gegen mich verschworen oder wollten sie sich nur einen Spaß mit mir machen?

Ich fand keine Lösung. Zweifel und Angst packten mich und schleuderten mich in einen Albtraum von Emotionen, die ich nicht spüren wollte.

Ich ging zu Katana. Ja, er könnte mir vielleicht helfen, vielleicht war er der Einzige, der mich in meinem Elend verstand, dem ich meine Sorgen erzählen konnte, ohne dass er mich auslachte.

Doch auch Katana fand keinen Ausweg. Für ihn war diese Situation genauso neu wie für mich.

»Vielleicht wollen sie dich einfach nicht beunruhigen. Ich weiß nur, dass ein paar aus diesem Dorf dir Böses antun wollen«, informierte er mich zu meinem nun noch größeren Entsetzen.

»Was? Warum tun sie mir das an, ich habe ihnen doch nichts getan!«

»Ich weiß, du hast ihnen nichts angetan, aber du bist hierhergekommen, du passt für sie nicht in ihr soziales Weltbild. Außerdem hast du viele Kräfte und sie sind eifersüchtig auf dich. Sie neiden dir deine Unschuld, dein Vertrauen in die gute Macht. Sie neiden dir, dass du vieles besitzt, was sie nicht haben, sei es materieller oder spiritueller Natur. Sie wollen nicht, dass eine *Weiße* ein *Mganga* wird und ihr heiliges Wissen erfährt sowie ihre heiligen Zeremonien.«

Ich war erschüttert. Ich verstand das alles nicht, denn ich hatte keinem etwas angetan. Und warum sahen sie mich als *Weiße*? Immerhin verband mich das schwarze Blut meines Vater mit ihnen.

»Du redest immer in der Mehrzahl, von *ihnen*. Wer will mir Böses tun?«, fragte ich vorsichtig.

»Mama Fatuma weiß, dass ihr Bruder dir *black juju*, schwarze Magie schickt. Sie und Baba Saidi haben schon etwas unternommen und du wirst auf diesem Grundstück vorerst sicher sein. Sie erzählte mir auch, dass eine Frau, die versucht deine Freundschaft zu gewinnen, sehr eifersüchtig auf dich ist und dir deswegen auch schwarze Magie schickt.«

»Gut zu wissen, dass ich *vorerst* sicher bin hier«, sagte ich ironisch.

Aber eigentlich wusste ich selbst ganz genau, von welchen Leuten die Rede war. Mein Gefühl hatte mir schon gesagt, dass ich auf der Hut sein sollte vor diesen, in meinen Augen angstvollen Schwarzmagiern. Sie hatten doch nur Angst, dass ich ihnen etwas stehlen könnte, das, wie sie glaubten, ihnen gehörte.

Doch dem war nicht so. Da alles, was ich lernte, zum Teil so mühevoll geschah, dass ich dieses neu erworbene Wissen mein Leben lang respektieren und ehren würde.

Ich liebte das traditionelle und spirituelle Wissen der *Mijikenda* jetzt schon. Hier gab es keinen Gedanken an eine Art *Kulturraub*.

Gerade weil ich Afrika und seine Traditionen so sehr liebte, entschied ich mich, für meine erfolgreiche Ausbildung hart zu arbeiten und lebendsbedrohliche Risiken einzugehen.

Eine Nacht davor war wieder etwas geschehen, was meinen Horizont an Erfahrungen überfordert hatte.

Ich wusste nicht recht, wie ich mich verhalten sollte, doch ich musste handeln – bloß, wie?

Irgendein Teil in mir war eingesperrt, das spürte ich ganz genau, war unfähig, sich zur Wehr zu setzen.

Zu Mama Fatuma konnte ich nicht gehen, denn sie sagte mir nur einfach immer wieder, dass dies alles einfach eine Lektion für mich sei und ich selbst sehen müsse, wie ich da hindurchkäme.

Vorerst entschied ich, dass ich mich auf meine große Zeremonie am Ende meiner ersten Initiation konzentrierte. Der Schwarzmagier sollte nur mitbekommen, dass ich mich nicht so leicht einschüchtern ließ und sein Spiel nicht mitspielte.

In Wirklichkeit aber erdrückte mich meine eigene Angst und versetzte mich in einen Zustand vollkommener Unsicherheit. Denn ich kannte solche Machtspiele nicht.

Natürlich war es in Wien ab und an mal vorgekommen, dass ich nicht derselben Meinung gewesen war wie mein Gegenüber und ich daraufhin in einen Streit geraten war. Aber niemand hatte mir jemals schwarze Magie gesendet.

Immer schon hatte ich gewusst, dass es sie gab, aber dass sie mich treffen würde, daran hatte ich niemals gedacht.

Jetzt erreichte mich diese dunkle Macht mit voller Wucht. Den ganzen Tag war ich damit beschäftigt, in meine Mitte zurückzukehren, und durchlebte dabei heftige körperliche Schmerzen.

Hinzu kam, dass eine neue Patientin bei Mama Fatuma auftauchte, deren Schicksal mich sprachlos machte.

Auf den ersten Blick nichts Außergewöhnliches. Es gingen täglich Patienten bei meiner Lehrerin ein und aus. Doch bei dieser Patientin kam Mama Fatuma in mein Zimmer und verbot mir auch nur einen Schritt heraus zu wagen. Später begriff ich, warum.

Die Patientin schrie unentwegt. Katana erzählte mir, dass auch er sich ihr nicht nähern durfte, aber er hatte erfahren, dass sie schwer krank sei. Sie befand sich im letzten Stadium einer HIV-Infektion und war außerdem von einem Dämon besessen.

Ein kleines Mädchen hatte Mama Fatums Mahnung, der Kranken nicht nahzukommen, nicht befolgt und obwohl die Patientin von sehr weit herkam und hier niemanden kannte, schrie sie das Kind mit dessen vollem Namen an.

Der Dämon kannte alle Namen, egal, wer ihm näher kam. In ihr war er sehr mächtig und sehr zornig. Warum?

Die Frau hatte folgende Leidensgeschichte. Sie kam zu Geld, indem sie sich an weiße Touristen verkaufte. Eines Tages verliebte sich ein Deutscher in sie und las ihr jeden Wunsch von den Lippen ab. Er blieb in Kenia und zog mit ihr in ein Haus. Doch nach einiger Zeit wollte sie immer mehr haben. Sie stahl etwas Geld aus seiner Brieftasche. Die Diebstähle häuften sich und der Mann erwischte sie einmal auf frischer Tat. Er schmiss sie aus seinem Haus und trennte sich von ihr. Doch von seinem Groll konnte er sich nicht lösen. Er erzählte seine Geschichte ein paar Einheimischen. Die wiederum brachten ihn dazu, Rache an der Frau zu nehmen, damit sie aus ihrer falschen Tat lernen könnte.

Der Deutsche ging zu einem Schwarzmagier. Vermutlich wusste er nicht, welche Konsequenzen das für die Frau hatte.

Daraufhin widerfuhren der Frau schreckliche Dinge. Sie steckte sich innerhalb kürzester Zeit mit dem HIV-Virus an. Außerdem hatte die Frau einen zweiten Fehler begangen. Während sie damals das Geld stahl, brachte sie einen Teil davon immer zu einem geheimen, magischen Opferplatz. Und jener Platz war von Dämonen belagert. Jeder konnte dorthin gehen und seine Wünsche und Sehnsüchte aussprechen, die innerhalb kürzester Zeit auch Realität wurden.

Zu einem sehr hohen Preis.

Die Frau hatte von ihrem Dämon an jenem Opferplatz die Aufgabe erhalten, ihm jede Woche etwas Geld zu bringen, sonst, so der Dämon, müsse sie sterben. Das war der Preis, den sie für ihre rein egoistischen Wünsche zahlen musste.

Als sie nun von dem Deutschen rausgeschmissen wurde, sah ihre finanzielle Lage nicht mehr rosig aus und sie ging nur mehr selten opfern. Schließlich ließ sie es ganz sein und dachte bei sich, dass schon alles gut werden würde.

Doch dem war nicht so.

Die Dämonen wurden wütend und nahmen ihre Fährte auf. Damit begann eine qualvolle Zeit für die Frau.

Nun war sie schon über eine Woche besessen. Sie konnte keine Nahrung mehr zu sich nehmen. Der Dämon in ihr schrie zwar jeden an und verlangte nach Essen, doch wenn sie etwas zu sich nahm, erbrach sie es sofort wieder.

Ich hatte in meinem ganzen Leben noch nie so etwas gehört und gesehen. Als ich einmal auf die Buschtoilette musste, konnte ich kurz die Frau sehen. Sie lag zusammengekrümmt auf einer zerrissenen Strohmatte. Ihr Körper war vollkommen ausgemergelt und erschöpft und schwarze große Flecken bedeckten ihre dünne Haut. Sie lag in ihrem Erbrochenen.

Plötzlich erhob sie sich wie eine Marionette und fing wieder an zu schreien und zu befehlen, ihr möge doch ein Festmahl gebracht werden. Am Nachmittag holte sie eine Freundin ab.

Mama Fatuma erzählte mir einige Wochen später, dass sie es zwar geschafft habe, die Frau aus den Fängen des Dämons zu befreien, doch war diese bereits körperlich zu sehr entkräftet: Zwei Tage nach Mama Fatumas letzten Worten über diese Patientin starb sie.

Die vierte Zeremonie der Initiation

In meiner dritten Nacht bekam ich wieder kraftvolle Medizinträume geschenkt. Keine Spur von einem Dämon – was mich beruhigte. Der heilige Topf gab mir starke Visionen, die mich den ganzen Tag einnahmen. Ich meditierte viel in meinem Raum, trank und aß wenig und konzentrierte mich völlig auf meine bevorstehende langwierige Zeremonie.

Bis zum frühen Abend glitt ich in einen tranceähnlichen Zustand. Ich hatte nicht das Bedürfnis, mich mit jemandem zu unterhalten, obwohl einige Medizinfrauen zu Besuch waren.

Sie fertigten mit Mama Fatuma einige Ketten aus roten, schwarzen, weißen und blauen Glasperlen an.

Erst viel später begriff ich deren Sinn und Aufgabe. Meist weibliche *Waganga*, aber auch männliche, legten diese Ketten quer über die Brust, damit sie während ihrer Heilerarbeit geschützt waren. Es wurde auch eine kleine Kette angefertigt, die sie auf ihrem Kopf trugen, sodass sie offen und empfänglich waren für das Wissen der Ahnen. Jeder, der diese Schutzketten trug, wurde als *Mganga*, als Heiler, erkannt und dementsprechend gingen die Menschen auf ihn zu.

Die roten Perlen symbolisierten die Kraft des Feuers, die schwarzen die Kraft der Erde, die blauen standen für das Element des Wassers und die weißen Perlen waren mit der Kraft der Luftgeister und Spirits verbunden.

Ich beobachtete eine Zeit lang die kleine Gruppe von weisen Frauen. Sie saßen auf ihren Strohmatten und mit flinken Fingern fädelten sie eine Perle nach der anderen auf selbst gemachtes Garn. Zeitweise stimmte eine Frau ein fröhliches Lied an, woraufhin die anderen lachend mitsangen.

Auch untereinander herrschte stets rege Unterhaltung zwischen den Medizinfrauen, wobei laut geredet, geschimpft und gelacht wurde. Da Katana, der mir sonst immer beim Übersetzen half, nicht bei mir war, konnte ich nicht mal die Hälfte verstehen – zu schnell redeten sie in diesem mir unverständlichen Dialekt. Aber auch, wenn ich nicht ihre Sprache sprechen konnte, fühlte ich mich dennoch mit ihnen auf eine Art verbunden. Trotz der traurigen Tatsache, dass mir einige im Dorf deutlich zu spüren gaben, dass ich nicht dazugehörte beziehungsweise nicht eine von ihnen war.

Womit sie nicht ganz Unrecht hatten. Wie ich mir endlich zugestehen musste. Ich verstand ihre Position, nahm ihre Seite der Angelegenheit respektvoll zur Kenntnis.

Ich kam aus Europa, kannte viele Regeln und Tabus im Stamm noch nicht, aber ich gab mein Bestes, mich anzupassen. Die weisen Frauen spürten dies, gaben mir den Respekt, den man einer weit jüngeren *Kollegin* eben zollte. Ich war noch die Schülerin von Mama Fatuma, sie aber eine ehrwürdige Medizinfrau, die viel Respekt im Dorf bekam. Die Frauen zeigten mir auf ihre natürliche und unbekümmerte Art, dass ich zwar seltsam, aber dennoch ein Mensch, eine Frau war und ich auf ähnlichen Wegen wie sie durchs Leben schritt, und das so ehrlich und unschuldig wie möglich.

Mich erstaunte es jedes Mal, wie verspielt und neugierig mich die Medizinfrauen betrachteten. Sie waren wie Kinder, die etwas Neues entdeckten, offen und verspielt. Dann, wenn sie die neue Person genauer angesehen hatten, sprachen sie über diese beziehungsweise über mich. Ich lächelte dann immer verlegen, zeigte ihnen aber, dass ich offen für sie war und sie ruhig mehr über mich erfahren konnten.

An diesem Nachmittag aber zog ich mich bald wieder in mein Zimmer zurück, um mich auf meine Zeremonie vorzubereiten. Keiner sprach mit mir darüber, was genau mir bevorstand. Ich hatte keinen blassen Schimmer, was auf mich zukam, außer, dass es sich um eine Initiation handelte, in der ich offiziell den anderen im Dorf und den Ahnen als Schülerin von Mama Fatuma vorgestellt wurde.

Ich musste sozusagen beweisen, dass ich bereit und akzeptabel war, mir im *Klub* der weisen Medizinfrauen einen Platz zu erobern. Wie ich das bewerkstelligen sollte, blieb mir zwar ein Rätsel. Ich hoffte jedoch, dass nichts schieflaufen würde.

Erst als die Abenddämmerung hereinbrach, verlor ich meine Mitte und bangte meiner Initiation entgegen. Ich war fürchterlich aufgeregt. Mein Herz schien zu explodieren.

Ich spürte, dass ich Angst hatte, etwas falsch zu machen, mich den Spirits nicht völlig hingeben zu können.

Ich fing an, zum Großen Geist und zu meinen Ahnen zu beten, eigentlich hauptsächlich aus rein egoistischen Gründen. Kurz gesagt, um meinen Arsch zu retten.

Als es dann so weit war, kamen die Medizinfrauen in mein Zimmer und kleideten mich an. Ich musste diesmal ein rotes und ein blaues Tuch tragen. Sie gaben mir auch meine neuen Schutzketten, die ich sorgfältig quer um meinen Brustkorb legte.

Mama Fatuma blickte mich unentwegt forschend an, was mir nicht gerade half mich zu entspannen. Meine Lehrerin hatte mir sogar kurz davor verboten mich mit Katana zu unterhalten. Er saß bei den Männern draußen und wartete auf *meinen großen Auftritt*.

Ich hörte, dass viele Menschen in kürzester Zeit eingetroffen waren. Einige Frauen versorgten die angekommenen Gäste mit Palmwein, Essen und Zigaretten. Ich hatte Mama Fatuma Geld gegeben, damit genug Essen und Getränke da waren.

Die ganze Zeremonie *kostete mich* etwa fünftausend Kenya Schilling, das waren ungefähr vierzig Euro. Nicht viel in Europa, aber sehr viel in Kenia. Das Geld floss in Speis und Trank, aber vor allem wurden damit die Medizinleute für ihren Aufwand bezahlt, denn einige kamen von sehr weit her. Die bunten Perlen für die Schutzketten und die Hühner, die für ein gutes Gelingen der Zeremonie geopfert wurden, bezahlte ich ebenfalls. Alle konnten von diesen Hühnern essen.

Es störte mich nicht, Geld zu geben, denn es war üblich, eine Gegenleistung zu erbringen, sei es in Form von Hühnern, Ziegen, Maismehl oder Reis.

Für die traditionellen Leute war Reis sehr kostbar, da er teuer war.

Nachdem Mama Fatuma mir noch einmal zugenickt hatte, bedeckten die Medizinfrauen meinen Kopf mit einem weißen Tuch, denn ich durfte den Zeremonialplatz noch nicht sehen.

Die Frauen führten mich zu einem bestimmten Platz. Einige Male flüsterten sie mir eigenartige Worte ins Ohr. Worte der Macht, die als Schlüssel fungierten und die Tore zum Spirituellen öffneten. Ich verstand sie nicht, doch sie bewirkten, dass ich vor Anspannung beinahe die Kontrolle über mich verlor. Meine Ahnen pirschten sich näher an mich heran, bereit, in meinen Körper einzudringen.

Viermal gingen wir im Uhrzeigersinn im Kreis, bis sie mich auf einen Schemel in die Mitte der versammelten Gemeinschaft setzten. Noch immer war meine Sicht durch das Tuch bedeckt.

Langsam und doch kraftvoll begannen die Musiker auf ihren Rasseln zu spielen und stimmten Machtgesänge der Spirits an. Je lauter sie waren, desto unruhiger wurde mein Körper. Meine Arme zuckten, mein Kopf fing an wie wild hin und her zu schleudern, auch auf meinen Beinen konnte ich mich kaum noch halten. Zeitweise hatte ich das Gefühl, ohnmächtig zu werden, da die Energie stärker wurde und sie mich brutal aus meinem Körper zu schleudern versuchte.

Endlich konnte ich meine Ahnen sehen. Von weit oben schauten sie herunter auf meinen Kopf und beobachteten mich. Doch irgendetwas hinderte sie daran, näher zu kommen.

Plötzlich, mit einer mir bis dahin unbekannten Wucht, drang ein Wesen in mich ein. Ich spürte sofort, dass es nicht einer meiner Spirits war. Etwas Dunkles hatte meinen Körper in Besitz genommen. Grunzende Laute drangen aus mir und ich hörte ein böses, dunkles Lachen aus meiner Kehle kommen. Jeder noch so kleinste Lichtstrahl, der durch das Tuch drang, ließ meine Augen schmerzen und mich laut aufschreien.

Ich hörte aus weiter Ferne, wie Mama Fatuma mir etwas ins Ohr sagte. Ihre Stimme war besorgt.

Auch Katana kam näher: »Was ist los, Shani? Mama Fatuma hat mit dir gesprochen und du reagierst nicht. Stimmt was nicht?«

Ich konnte Katana keine Antwort geben. Das dunkle Wesen in meinem Körper wurde stärker, zwang mich meine Lebensenergie herzugeben. Es wollte mein Leben, meine Seele. Es saugte an meiner Kraft, sodass mein Körper wie ein plumper Stein zusammensackte.

Verzweifelt versuchte ich dagegen anzukämpfen, doch es ließ mich nicht los. Meine Glieder fingen an zu schmerzen, meine Arme und Beine wurden schwerer und schwerer, sodass ich beinahe vom Schemel fiel. Sogar die Musik tat mir in den Ohren weh.

Jetzt waren Mama Fatuma und Katana wirklich besorgt.

»Du«, sprach mein Geliebter, »musst mir sagen, was los ist! Was auch immer jetzt in dir ist, wenn es keiner deiner Spirits ist, es soll verschwinden! Hörst du? Kämpfe dagegen an! Kämpfe! Ruf deine Spirits, damit sie dir helfen! Wenn du es nicht tust, dann bringst du dich in große Gefahr, sagt Mama Fatuma, und wir müssen die Zeremonie abbrechen!«

Ich ballte die Hände zu Fäusten, sodass meine Finger sich tief in mein Fleisch eingruben. Mit dem letzten Rest von Macht und Willenskraft rief ich meine Ahnen und mit ihrer Hilfe gelang es mir, das dunkle Wesen aus mir zu verbannen.

Zuerst fühlte ich mich schwach, doch schon bald füllten mich die Spirits mit neuer Kraft und Energie. Behutsam kam ein Spirit in meinen Körper. Er gab mir die Möglichkeit, zwar nicht selbstständig zu handeln, aber doch die folgende Situation bewusst mitzuerleben.

Noch immer bedeckte das Tuch mein Gesicht und der Spirit machte auch keine Anstalten, diese Umstände zu ändern, als er zu Mama Fatuma sprach. Inzwischen herrschte Totenstille, denn auch die anderen hatten gemerkt, dass nicht alles nach Plan verlief.

Mein Ahn, also einer der Spirits, fing an, durch mich zu sprechen: »Jemand hat meinem Schützling einen sehr mächtigen Dämon geschickt. Dieser Jemand sitzt hier und jetzt in unserer Runde. Er wollte die Zeremonie stören und Shani ihrer Macht berauben. Er ist ganz in unserer Nähe. Er sitzt hinter mir!«

In diesem Moment riss mein Ahn einen meiner Arme hoch und deutete hinter mich. Wild und zornig sprang er auf, drehte sich um und zerrte das Tuch vom Kopf. Er blickte in die Augen des Schuldigen.

Es wunderte mich kaum, als ich vor Mama Fatumas Bruder stand. Hinter dem auf frischer Tat ertappten Schwarzmagier standen, nur sichtbar für die Medizinleute, seine Helfer, Dämonen und dunkle Wächter.

Mein Ahn lief geradewegs auf sie zu, gestikulierte wild und redete mit ihnen in einer Sprache, die ich nicht verstand. Die Situation spitzte sich zu und trieb mich an meine Grenzen. Ich war kurz davor, das Bewusstsein zu verlieren, doch mein Ahn hörte nicht auf.

Der Schwarzmagier blickte ihn erschrocken und voller Hass an. Er wusste, welche Konsequenzen dieser Vorfall für ihn hatte. Denn wer auf frischer Tat erwischt und noch dazu von einem Spirit der schwarzen Magie bezichtigt und vor dem ganzen Dorf und den Ältesten bloßgestellt wurde, hatte keine großen Überlebenschancen.

Ein zu großes Tabu war gebrochen worden.

Bevor die Beteiligten ihn hatten umbringen können oder mit Macheten zumindest schwer verletzen, war er in den Busch geflohen. Dort verbarg er sich an einem geheimen Ort.

Mama Fatuma hatte währenddessen die Zeremonie unterbrochen und mich in meinen Raum gebracht, um mich wieder zu beruhigen. Dicke Tränen flossen mir über die Wangen. Ich war gekränkt und verstand nicht, warum mich ein Mensch so hassen konnte. Immer wieder entschuldigten sich die Medizinfrauen bei mir für diesen Vorfall.

»Was passiert jetzt mit ihm?«, fragte ich Katana.

»Einige Männer verfolgen ihn, um ihn zur Rede zu stellen. Ich glaube nicht, dass sie sehr sanft mit ihm umgehen werden.«

»Nein, ich will nicht, dass ein Mensch, weil er mir schaden wollte, verletzt wird. Dann tut ihr das Gleiche, was er mir angetan hat. Auch wenn es ein Tabu für euch ist, immerhin wurde *mir* geschadet und ich will nicht daran Schuld tragen, dass ein Mensch misshandelt wird. Egal, was er getan hat. Irgendwann bekommt er schon seine gerechte Strafe, denn alles, was er mir angetan hat, wird ihm doppelt zurückgezahlt, aber nicht von mir, sondern von seinen sogenannten Helfern; und vor allem von seinen guten Spirits wird er noch seine Strafe bekommen. Das ist eben so im Leben. Alles, was er mir Böses antut, wird er vielleicht irgendwann von jemand anderem zurückerhalten, aber nicht von mir. Ich entscheide das nicht, das werden höhere Mächte tun.«

Katana sah mich ungläubig an. Er wollte wie die anderen Männer Rache nehmen. Doch ich blickte ihn weiterhin scharf und energisch an, bis er schließlich losging und die Männer zurückrief. Natürlich war auch ich wütend und gekränkt, aber ich konnte und wollte mir eine solche Blutschuld nicht auflasten. Eine heilige Zeremonie musste zu Ende gebracht werden.

Die fünfte Zeremonie der Initiation

Die Initiation verlief wie geplant ohne weitere Hindernisse. Die Anrufung der Spirits dauerte die ganze Nacht. Mein Geschenk an sie war mein Körper, den ich ihnen zur Verfügung stellte. Es war wahrlich ein Fest für all meine Ahnen, aber auch für die Stammesleute. Von den Kleinsten bis zu den Ältesten, alle nahmen daran teil. Sie feierten meine Vorfahren und ehrten sie.

Die außergewöhnliche Gabe dieser einfachen Menschen, unzählige spirituelle Lieder zu beherrschen, beeindruckte mich zutiefst. Für jeden Ahn gab es ein Lied.

Wenn ein Massai-Spirit kam, wechselten sie sofort den Rhythmus der Rasseln und sangen ein spezielles Lied zu Ehren der Massai.

Ich merkte gar nicht, dass ich mehr als zwölf Stunden in tiefer Trance war. Während die Ahnen meinen Körper benutzten, befand sich mein Geistkörper in einer anderen Dimension. Zeitweise konnte ich zwar bewusst die Zeremonie mitverfolgen, aber ich entfernte mich immer weiter davon: weißen Pfaden entlang und voller Vertrauen.

Ich ging einen hell erleuchteten Weg, der direkt zu einer großen Pyramide führte. Dort standen ein Mann und eine Frau. Auf der Spitze der Pyramide entzündeten sie ein Feuer. Ich näherte mich ihnen und sah direkt ins Feuer. Seine gelblich rote Farbe begann sich zu ändern, bis sie zu einem grellen, hell leuchtenden Weiß wurde. Darin tauchten die beiden und ich ein, bis wir uns auflösten und zu diesem weißen Licht wurden.

Die Medizinleute sangen die ganze Nacht hindurch. Erst als die Sonne am nächsten Tag wieder hoch am Himmel stand und die Mittagszeit ankündigte, erreichte die Zeremonie ihren Höhepunkt.

Da ich eine Medizin*frau* werden wollte, erhielt ich zwei Geschenke von meiner Lehrerin. Ich bekam einen machtvollen

Fetisch in Form eines kleinen getrockneten Flaschenkürbisses, der meine Zugehörigkeit dem Medizinfrauenbund anzeigte.

Schon vor Tagen hatten mir die Medizinfrauen etliche ausgereifte Flaschenkürbisse gezeigt, deren Aussenhaut hart und holzig waren. Ich musste mir einen aussuchen. Dieser wurde dann gereinigt und ausgehöhlt. Die Medizinfrauen gaben in dieses Gefäß vier Pflanzen hinein, die speziell die Energie der Frauen darstellte. Dann schmückte meine Lehrerin mein Kraftobjekt mit roten, blauen und weißen Perlen. Es sah einfach wundervoll aus. Die Perlen wirkten wie ein Gewand, ein Kleid für mein neues Medizinbaby.

Tatsächlich handelte es sich bei dem Fetisch nicht nur um ein Symbol für die Gebärmuter und die Fruchtbarkeit, sondern auch um ein symbolisches Baby. Es stellte die Form einer bestimmten Energie dar und ich wurde deren Hüterin und Mutter.

Der Höhepunkt meiner Initiation bestand darin, dass Mama Fatuma mir mein spirituelles Baby, meinen Fetisch, übergab. Sie taufte es *Kabunda*. Außerdem erhielt ich ein zweites Geschenk. Meine Lehrerin akzeptierte mich als ihre Tochter. Sie gab mir den Namen *Kangaga*.

In Afrika kann ein Name viel über eine Person erzählen. Ich hatte dies mit dem Akt der Bloßstellung bewiesen, als ich den Mut bewies, einen Zauberer vor dem ganzen Dorf und den Ältesten zu entrüsten, auf die Gefahr hin, seinen Zorn abzubekommen. Ich bewies, dass ich hinter eine Maske sehen konnte, obwohl ich ein Tuch vor Augen hatte, da ich durch meinen Spirit wusste, dass sich der Zauberer hinter mir befand. Meine Lehrerin rief mich nur noch *Kangaga*. Ich war ihre Tochter geworden: der erste Schritt. Nun begann für mich der harte Weg zur weisen Frau.

Der Zauberer

Wer dich Freund nennt, nennt dir sein Wesen
(Fulbe-Kamerun)

Es war kühl und feucht im Busch. Unzählige Schlingpflanzen bedeckten die Hütte des alten Zauberers. Er saß auf einer zerrissenen und schmutzigen Grasmatte und war tief in Gedanken versunken.

Wie konnte seine Schwester Mama Fatuma nur für die helle Seite arbeiten, überlegte er. Die dunkle war doch viel machtvoller, für ihn ergab nur sie Sinn, denn sie verlieh ihm Macht und Respekt innerhalb seines Stammes. Zwar liebten ihn die Menschen nicht, wie sie es bei Mama Fatuma taten, aber sie fürchteten ihn, und das war gut so.

Ohne Angst keine Macht.

Was wussten denn schon diese Menschen? In seinem Herzen gab es keinen Platz für das Gute, es hatte ihm nie etwas bedeutet. Tief in seinem Inneren glaubte er zu wissen, dass die Finsternis und das Böse stärker waren als die helle Macht, stärker waren als die Menschen, die doch nur Furcht in ihrem Herzen trugen, und er sie deshalb ausnutzen konnte.

Seine Gedanken schweiften umher, doch jedes Mal fielen sie auf die neue Schülerin seiner Schwester zurück.

Er lachte bitter auf, denn er war davon überzeugt, dass er Shani oder »*Kangaga*«, wie sie jetzt genannt wurde, einen ordentlichen Schrecken eingejagt hatte.

Wie konnten die Stammesältesten nur erlauben, dass eine *Weiße* das geheime und heilige Wissen der *Mijikenda* erfährt?

Eigentlich war es ihm gleich, was Shani in Afrika alles lernen konnte. Leider spürte er jedoch eine Macht in ihr, die ihm gefährlich werden konnte. In ihr blühte das Leben, in sich selbst fühlte er Verwesung.

Für die Dämonen, mit denen er zusammenarbeitete, zahlte er einen hohen Preis. Sie stahlen und tranken sein Blut und lebten von seiner Lebensenergie wie Parasiten.

Die hohen Bäume warfen ihre Schatten über ihn und er fröstelte, denn es kam ihm vor, als läge er in einem Grabmal. Wut überkam ihn und er spürte, wie Hass auf diese junge Frau in ihm aufstieg.

Sie hatte ihn tief in seinem Stolz verletzt. Vor dem ganzen Stamm bloßgestellt. Durch ihr Verhalten bekam sie auch noch mehr Ansehen bei den Medizinleuten.

Neid!

»Glaub ja nicht, Shani, dass du davonkommen wirst, nur weil du mein Leben vor den anderen Stammesmitgliedern retten wolltest. Ich werde dich weiterjagen«, murmelte er laut vor sich hin.

Die Worte schwebten hinaus in die hereinbrechende Nacht, schienen einen Augenblick schwer in der Luft zu hängen und verklangen dann in der Dunkelheit.

Doch die Worte waren aus Magie geflochten und hoben die dunklen Mächte aus ihrem Schlaf.

In der Dämmerung verzog sich das Gesicht des Zauberers zu einem bösen, kaltblütigen Lächeln. Er musste noch Pflanzen suchen und einige Rituale abhalten.

In seinem ersten schwarzmagischen Angriff auf Shani hatte er es geschafft, einen Teil ihrer Seele gefangen zu nehmen. Damit hatte er seinen mächtigsten Dämon beauftragt. Freude über seine Macht füllte ihn wieder mit neuer Kraft.

Viele Menschen kannten diese Seite an ihm noch nicht. Er hatte immer ein Doppelleben geführt.

In der Dorfgemeinschaft galt er als liebenswürdig und hilfsbereit. Doch in Wirklichkeit nutzte er die ahnungslosen und dummen Menschen nur aus. Sie vertrauten ihm, und so konnte er sie zerstören.

Nun aber lagen die Karten offen auf dem Tisch. Viele angesehene Leute hatten den Beweis, dass er ein Zauberer war. Aber eigentlich störte ihn das gar nicht so sehr – hatte er nicht endlich seine neue Aufgabe gefunden? Schluss mit dem Versteckspiel!

Vielleicht kämen nun mehr Menschen zu ihm, solche, die sich an einer anderen Person rächen wollten. Er könnte weiterhin seine dunkle Arbeit für andere verrichten.

Zufrieden sog er die feuchte Abendluft ein. Er würde dieser Europäerin schon zeigen, welche Macht die bessere und stärkere war.

Wie ein junger Mann stand er auf, obwohl seine Glieder schon alt waren. Seine Haut wurde straffer und seine Augen verdunkelten sich. Das graue, kurze Haar, das schütte seinen Kopf bedeckte, verwandelte sich in eine füllige und schwarze dichte Pracht. Unbeweglich blieb er kurz stehen und genoss das Gefühl der dunklen Kräfte in sich. Stark machten sie ihn.

Er wusste, wie er Shani ganz bekommen konnte. Ihre Ängste und Zweifel waren das Tor, durch das er einfach hindurchschreiten musste. Es war so einfach. Er würde ihre Spirits und ihre Helfer schon überlisten.

Lachend ging er tief in den dunklen Busch. Die Finsternis war sein Freund, vielleicht sein einziger. Hier suchte er nach den Pflanzen der Nacht. Er brauchte sie, um die Zeremonie für den Seelenraub durchzuführen.

Seine Geister halfen ihm bei der Arbeit. Sie zeigten ihm die Blätter und Wurzeln, die er brauchte, um jemanden krankzumachen oder sogar umzubringen.

Ja, Heiler wie er ursprünglich konnten heilen, aber sie konnten auch töten. Er hatte sich auf das Töten spezialisiert. Dieses Mal wollte er *Kangaga* ihren Verstand rauben. Er wollte sie vernichten. Er hatte sie. Und seine Wut wurde mit jedem Tag stärker.

Die Geister der Nacht flüsterten und wisperten ihm zu und ein listiges Lächeln spiegelte sich in seinem Gesicht wider.

Leise summte er Gesänge der Macht, keine heiligen Lieder, die in dieser dualen Welt das Gute heraufbeschworen, sondern Gesänge der Finsternis.

Pflanzenwissen

Jedermann ist jedermanns Verwandter.
Wenn nicht im Blut, so in der Tat oder in Gedanken
(Ostafrika)

Ich saß mit Katana unter einer schattigen Palme am Strand. Es war wunderschön, so nah am Meer zu leben. Zwei Tage waren nun seit meiner Initiationszeremonie vergangen. Die Dämonen lagen weit hinter mir und in mir wuchs ein mächtiger Tatendrang. Wissensdurstig stürzte ich mich in meine bevorstehende Schülerschaft bei Mama Fatuma.

»Ich kann es kaum erwarten, mit Mama Fatuma in den Busch zu gehen und die unzähligen Pflanzen kennenzulernen«, sagte ich aufgeregt zu Katana.

Mein Freund blieb still, doch er wirkte sehr unruhig und sah mich besorgt an. Gedankenversunken spielte er mit den Händen und grub kleine Löcher in den Sand. Nach einer Weile sprach ich ihn darauf an, was ihn denn so bedrücke.

»Weißt du, Shani, ich mache mir Sorgen wegen meiner Familie. Sie wollen nicht, dass ich ein *Mganga* werde, und vor allem wollen sie nicht, dass ich mit dir zusammen bin. Vielleicht werden sie sogar versuchen uns auseinanderzubringen. So wie der Bruder von Mama Fatuma weiterhin versuchen wird, dir deine Macht zu stehlen.«

Kopfschüttelnd erwiderte ich und berührte dabei seinen Arm: »Ich glaube, nein, ich weiß, dass das Gute, die göttliche Macht immer stärker sein wird. Da, wo Licht ist, ist keine Dunkelheit. Das Licht wird mich beschützen, darauf vertraue ich.«

»Aber das meine ich ja! Die werden vielleicht versuchen, dir dieses Licht wegzunehmen. Da, wo Licht ist, fällt auch ein Schatten. Sie werden dich in Versuchung bringen, dich testen bis an deine Grenzen. Mein Vater starb an schwarzer Magie und mein Stiefvater genauso. Shani, du musst einsehen, dass es in Afrika sehr gefährliche Mächte gibt! Dass nicht alle, die freundlich zu dir sind, dir auch Gutes wünschen. Wir Schwarzen reden über diese Dinge nicht mit Weißen, aber du bist zur Hälfte schwarz, du bist, obwohl du in Europa aufgewachsen bist, mit uns verbunden, auch wenn das andere von uns nicht so sehen. Du kannst dich besser anpassen, du tanzt sogar so wie wir.« Katana zwinkerte mir zu, bevor er fortfuhr. »Aber du bist auch ungeschützter für die Machtspielchen hier in Afrika. Du lernst erst jetzt unsere Regeln kennen und sie sind hart. Um zu überleben, darfst du nicht so offen sein mit deinem Herzen, äh, damit meine ich zu gutgläubig. Verstehe mich nicht falsch. Ich mag es, dass du so ein offenes Herz hast, und mir gefällt es auch, dass du so ans Gute glaubst …«

»… du meinst, dass ich naiv bin«, unterbrach ich Katana.

»Nein, ich meine, dass du einfach an das Gute in den Menschen glaubst, aber die Menschen hier sind oft nicht so gut, wie sie zu sein scheinen. Hier in Afrika gibt es Mächte, die sich vor den Menschen als gutartig ausgeben, doch sie wollen nur zerstören und rauben. Wir reden über diese Dinge nicht, es ist wie ein Tabu. Ich glaube, Mama Fatuma hatte recht, als sie sagte, dass wir nicht so viel darüber reden sollen, sonst würden wir diesen Mächten zu viel Macht geben.«

»Dann sollten wir ihren Rat befolgen. Katana, ich verstehe, was du meinst. Komm, lass uns dagegen kämpfen, falls wir angegriffen werden sollten. Wenn die Familie uns wirklich auseinanderbringen möchte, dann müssen wir eben fest an uns glauben und uns nicht unterkriegen lassen. Außerdem werde ich wachsam sein. Wenn du aber merkst, dass ich mich irgendwie seltsam verändere, mir lange Tentakeln aus den Ohren wachsen, dann sag mir bitte Bescheid!«

Ich musste über meinen eigenen Witz lachen und kniff Katana in die Seite. Wir fingen an, uns zu kitzeln, bis wir schließlich überall Sand in unseren Kleidern hatten und uns vor Lachen die Bauchmuskeln wehtaten.

Da wir alleine am Strand waren, strich er mir zärtlich über mein Haar und küsste mich. Erst als es langsam dunkel wurde, gingen wir zu Mama Fatumas Haus zurück. Wir mussten früh schlafen gehen, denn ein anstrengender Tag erwartete uns.

Am nächsten Morgen standen wir früh auf. Eine alte zahnlose Medizinfrau gab uns eine Tasse schwarzen Tees, den wir eiligst austranken. Mama Fatuma und Baba Saidi bereiteten alles für unseren Ausflug in den Busch vor. Beide rüsteten sich mit einer Machete und einem kleinen Spaten aus. Ich nahm einen kleinen, aber vollen Wasserkanister. Zwei weitere Schülerinnen von Mama Fatuma begleiteten uns. Auch die alte Medizinfrau war mit von der Partie. Sie packte einen schwarzen Hahn und eine weiße Henne in ein Tuch. Die Tiere wehrten sich heftig, doch als die Alte dreimal auf sie spuckte, beruhigten sich unsere gefiederten Freunde und ließen es zu, in das Tuch gewickelt zu werden.

»Wenn ich auf die spucke, dann scheißen sie mir das Tuch nicht voll«, sagte sie mir augenzwinkernd.

Ich grinste und sah Katana, der den Kopf schüttelte und ein heftiges Lachen unterdrückte.

Wir brachen in den Busch auf. Mama Fatuma wies uns an, auf dem Weg empfindlich genau nach schlechten Zeichen Ausschau zu halten, die uns vielleicht aufzuhalten versuchten. Sie erzählte von gefährlichen Insekten, die ein schlechtes Omen seien, wenn sie sich uns in den Weg stellten.

Doch alles verlief ruhig und ungestört drangen wir tiefer in den Busch. Baba Saidi verschwand für kurze Zeit aus meinem Blickfeld, dann kam er mit einem freudigen Strahlen in seinem Gesicht wieder zurück. »Sie ist hier, ich habe sie gefunden.«

»*Kangaga*, folge mir! Du wirst jetzt die erste Pflanze kennenlernen«, sagte Mama Fatuma.

Katana und ich blieben dicht hinter ihr. Wir gingen ein paar Meter und blieben vor einer kleinen ein Meter hohen Pflanze mit dünnem, rundem Pflanzenstiel und keilförmigen Blättern stehen.

Die Alte packte den Hahn und die Henne aus. Mama Fatuma sprenkelte Wasser auf die Pflanze, um sie zu ehren und den Geist herauszulocken, der in ihr wohnte. Dann rupfte sie Federn zuerst von dem Hahn und dann von der Henne und betete für Katana und mich. Sie betete zu Mutter Erde und ihren Pflanzenkindern dafür, dass wir erfolgreich mit ihnen arbeiten konnten. Auch entschuldigte sie sich dafür, dass sie für ihre Patienten Blätter und Wurzeln mitnahm, und versprach, dass es nur so viele wären, wie sie auch brauchte. Auch die anderen und zuletzt ich beteten zu den Pflanzen. Da wir von der Natur nahmen, opferten wir ihr unseren Speichel als Symbol dafür, dass alles weiterhin in Balance zwischen Natur und Mensch bestehen konnte. Als wir das kleine Ritual beendet hatten, wendete sich Mama Fatuma wieder uns zu.

»Diese Pflanze heißt *Mvuza Kondo*, sie ist ein *Warbreaker, ein Kriegsbrecher*. Sie kann sehr viele Sachen heilen und ist sehr mächtig. Wenn es zum Beispiel Streit zwischen Mann und Frau gibt, dann kannst du mit dieser Pflanze reden und sie wird den Streit schlichten. Auch wenn ein Krieg im Lande wütet, kannst du mit dieser Pflanze das Land beschützen. Ich werde euch achtundzwanzig Pflanzen zeigen. Ich kenne mehr, aber fürs Erste reicht dies für euch.« Mit *euch* meinte sie noch die beiden anderen Schülerinnen, die zusammen mit mir an dem Initiationsritual teilnahmen. »Jede Pflanze hat zwar ihre eigene Macht, aber viele wirken erst, wenn sie zusammen mit anderen kombiniert werden. Später zeigen wir euch, wie ihr sie zu präparieren habt.«

Noch Stunden verbrachten wir im Busch und Mama Fatuma unterwies uns in der Pflanzenkunde. Es fiel mir anfangs schwer, sich die vielen neuen Pflanzennamen und deren Heilkraft zu merken. Einige dieser Gewächse zeichnete ich deshalb in ein kleines Heft. Tage, Wochen studierte ich sie und mit der Zeit prägten sie sich in meinen Geist.

Ein Monat verging und Mama Fatuma lehrte uns intensiv. Die Arbeit war sehr hart, doch wir jammerten nicht, denn das Lernen machte uns Spaß. Die Pflanzen, die wir jeden Tag einsammelten, waren von den unterschiedlichsten Orten. Mal waren wir im Busch, mal gingen wir zu einem See oder ans Meer. Einige Pflanzen wurden getrocknet und dann fein zerrieben. Andere wurden stundenlang in einem großen Mörser zerstampft. Katana zerhackte die Wurzeln und ich verbrannte mit den Frauen heilige Blätter, deren Asche wir sorgfältig aufsammelten.

Wir saßen auf unseren Strohmatten hinter dem Haus. Vor uns lag ein Haufen voller Heilpflanzen und Wurzeln auf dem Boden. Ich hatte mir aus dem Blätterberg eine Pflanze herausgefischt und hielt sie nun in den Händen. »Was ist das für eine Pflanze?«, fragte ich meine Lehrerin.

»Warum stellt *Kangaga* andauernd nur Fragen? Warum lernt sie nicht einfach von den Pflanzengeistern und quält die?«, meinte Dada Furaha (*Dada* heißt *Schwester*) sichtlich erschöpft.

Da sie auch eine Schülerin von Mama Fatuma war und gemeinsam mit mir durch die Ausbildung ging, war sie für mich eine ältere Schwester und für meine Lehrerin eine weitere Tochter. Ich schätzte sie auf etwa dreißig, doch als ich ihre zwanzigjährige Tochter sah, musste ich ihr Alter noch einmal überdenken.

»*Kangaga* lernt von den Pflanzengeistern anders als du und ich. Vergiss nicht, sie ist nicht im Busch aufgewachsen. Alles ist neu für sie. Sie soll nur fragen. Es ist gut so, denn sie glaubt, wo es Fragen gibt, gibt's auch Antworten und sie hat recht. Machen wir also weiter«, sprach Mama Fatuma verständnisvoll.

Dann wandte sie sich mir zu. »Das ist *Mpingwa*. Du benutzt sie, wenn der Geist einer Person verwirrt und diese Person *wazimu*, verrückt, ist. Du kannst mit ihr demjenigen helfen, der einen starken Kontakt mit seinen Spirits hat, aber damit nicht zurechtkommt. Auch wenn Patienten mit Epilepsie zu dir kommen, kannst du mit dieser Pflanze heilen.«

»Kann eigentlich jeder einfach so in den Busch gehen und die Pflanzen einsammeln?«, fragte ich zögernd und blickte verlegen zu Dada Furaha, die neben mir saß und innerlich wahrscheinlich ihre Augen verdrehte.

»Wenn ein Mensch nicht eine bestimmte Ausbildung, sei sie durch Spirits oder durch eine bestimmte Medizinperson hatte, wird er nicht viel anfangen können mit diesen Pflanzen. Sie werden ihm nicht gehorchen. Er wird sie nicht verstehen. Deswegen bereiten wir die Blätter der Pflanzen auf magische Weise zu. Erst dann kann sich der Geist der Pflanze voll entfalten und heilen«, erklärte mir meine Lehrerin.

Sie war von meiner Ungeduld und meiner Fragerei nicht aus der Ruhe zu bringen, doch auch sie war vom langen Tag schon müde. Wir beschlossen für diesen Tag aufzuhören und die Arbeit am darauffolgenden wieder aufzunehmen.

Am nächsten Tag kam Mama Fatuma mit weiteren kleinen holzigen Flaschenkürbissen auf mich zu. Wir reinigten sie und stellten sie vor uns auf.

»Du musst dir vier Kürbisse auswählen«, sagte Mama Fatuma. »Die vier werden eine Familie sein wie Mutter, Vater, Sohn und Tochter. Danach geben wir die heiligen Pflanzen hinein, die wir jetzt seit ein paar Wochen gesammelt haben.«

Ich befolgte ihre Aufforderung. Wie auf magische Weise fühlte ich mich von den Kürbissen angezogen. Ohne zu überlegen, griff ich nach ihnen und wählte vier davon aus.

»Sehr gut, deine Familie sieht sehr schön aus. Deine Schwester Furaha wird dir helfen sie vorzubereiten und die Medizin hineinzugeben.«

Die Kürbisse stellten wie mein Fetisch Kabunda meine weiteren Kinder dar. Sie waren alle meine Babys, auf die ich als Medizinfrau aufpassen musste und von denen ich lernen konnte.

Das größte Kind stellte die Vaterfigur der Familie dar. Hier wurde die Asche der verbrannten Pflanzen hineingegeben, ein schwarzes Pulver, welches auf magische Weise von meinen Lehrern zubereitete wurde. Hinzu mengten wir reines Pflanzenöl.

Das zweite Kind symbolisierte die Mutter. Sie war von der Form etwas kleiner als der Vater. All die zerriebenen Wurzeln, die ein feines braungrünes Pulver bildeten, ließen wir in den Kürbis hineinrieseln und fügten Honig hinzu. In Tochter und Sohn gaben wir die gleiche Medizin, jedoch ohne Öl und Honig.

Als wir fertig waren, begutachtete Mama Fatuma meine neuen Kinder. Sie schien zufrieden zu sein.

»Du hast gute Arbeit geleistet. Wir werden deinen Kindern nun Namen geben. Den Vater nennen wir *Mavururi*. So hieß mein Vater. Wie willst du die Mutter taufen?«, fragte sie mich.

»Ich will ihr den Namen meiner Mutter geben, *Mischa*.«

Mama Fatuma nickte. Wir tauften den Sohn *Mbigo* und die Tochter *Kasichana*.

»Wie du nun mit dieser Medizin umzugehen hast, wirst du in den nächsten Wochen von mir und deinen Schwestern lernen. Beobachte uns gut und lausche der Medizin. Bevor du sie bei anderen gebrauchst, benutze sie zuerst bei dir selbst.« Meine Lehrerin sah mich sanft an und ließ mich dann mit meinen neuen Kindern alleine. Ich war glücklich und dankbar für diese vielen Geschenke.

An diesem Nachmittag ging ich zum Strand und beobachtete das türkisblaue Meer. Ich betete und gab meinen Ahnen und den Elementen zum Dank etwas Tabak.

Tränen rollten mir die Wangen hinunter, denn für das Wissen in Afrika zahlte ich einen hohen Preis. Ich musste meine Familie und meine lieben Freunde in Wien verlassen. Und hier in Afrika teilten nur sehr wenige ihre Freundschaft mit mir. Ich war ein Sonderling. Die jüngste Schülerin, denn selbst die jungen Stammesleute interessierten sich nicht mehr für den traditionellen spirituellen Weg, sondern wollten lieber gutes Geld verdienen und in die Stadt ziehen. Und ich wurde zwar aufgenommen und akzeptiert, war aber dennoch nicht eine von ihnen, weil ich in Europa aufgewachsen war.

Ich fühlte mich einsam. Hatte ich nicht selbst einmal gesagt, dass ich alles geben würde, nur um das Wissen zu erlangen, nach dem ich strebte?

Ich zahlte nun den Preis. All die Krankheiten, meine Durchfälle, Kopfschmerzen, meine Einsamkeit, das Leben im Busch ohne Strom und fließend Wasser für das Wissen von Mama Fatuma.

Trotzdem hätte mich niemand von meinem Vorhaben abbringen können. Selbstmitleid war hier fehl am Platz. Ich war fest entschlossen, ein *Mganga* zu werden, eine weise Frau.

Tränen sickerten in den Sand und waren auf der Stelle verdampft, so heiß schien die Nachmittagssonne noch immer. Mein Blick ruhte auf dem Meer und ich ließ meine Gedanken schweifen.

Seltsam, ich dachte in diesem Moment an meine Periode. Sie war seit zwei Wochen überfällig. Doch vielleicht reagierte mein Körper einfach anders auf die ganzen Umstellungen in Afrika oder vielleicht befand ich mich einfach unter Stress? Dass ich vielleicht ein Kind erwartete, fiel mir nicht im Traum ein. Noch einmal bedankte ich mich beim Großen Geist für all die Lektionen der vergangenen Zeit und ging zurück zu Mama Fatumas Haus.

Am nächsten Tag kam Dada Mairi zu mir. Sie war die Erstgeborene von Mama Fatuma und damit meine Schwester. Sie lernte schon seit Langem von ihr. Drei Söhne hatte sie geboren, wovon einer gerade auf meinem Schoß saß.

»*Kangaga*, hier ein Tee, der mit speziellen Pflanzen zubereitet wurde«, reichte sie mir eine Tasse entgegen. Dankbar nahm ich sie. »Mm, der Tee schmeckt sehr gut, was ist da alles drin?«, fragte ich sie.

»Er ist gut für schwangere Frauen. Vor allem für Frauen, die das erste Mal ein Kind im Bauch tragen, damit sie es nicht vorzeitig verlieren.« Meine Schwester grinste mich an.

Mit großen Augen sah ich sie verblüfft an. Ich bekam ein Kind? Doch wie konnte sie das erahnen? Mein Körper zeigte doch keine eindeutigen Anzeichen und ich hatte es auch keinem erzählt, dass ich seit zwei Wochen überfällig war, nicht einmal Katana.

»*Kangaga*, wie fühlst du dich? Wie geht es deinem Bauch?«, fragte meine Lehrerin, die gerade auf uns zukam. Sie zeigte auf meinen Unterleib.

»Aber woher habt ihr es alle gewusst, dass ich schwanger bin?«, fragte ich mehr als erstaunt.

»Deine Augen verraten es uns. Sie haben einen bestimmten Glanz«, meinte Mama Fatuma. »Pass nun gut auf dich auf. Du wirst die nächste Zeit Träume haben, in denen du die Seele deines Kindes kennenlernen wirst. Es wird dir sagen, was es alles braucht, um in diese Welt hineingeboren zu werden.«

Ich nickte stumm und konnte keinen Laut von mir geben, so überwältigt war ich. Schnell lief ich zu Katana und berichtete ihm freudig von dieser Neuigkeit.

Die alte Seele

»*Kangaga*, komm zu mir!«, rief Mama Fatuma.

Eilig lief ich zu ihr. Seit ich schwanger war, fühlte ich mich an den frühen Nachmittagen besonders erschöpft und ich wollte mich gerade schlafen legen.

»*Kangaga*, ich möchte, dass du einen Patienten von mir behandelst. Es ist nun an der Zeit, dass du deine Kraft den anderen zeigst.«

Es war soweit. Ich wusste, dass eines Tages dieser Moment kommen würde, doch ich konnte nicht von mir behaupten, dass ich mich dazu bereit fühlte. Mein Herz fing an, wie wild zu klopfen. War ich denn wirklich dazu fähig, einer Person zu helfen. Konnte ich sie tatsächlich heilen?

Mama Fatuma ließ mir keine Zeit, mir über diese Sachen viele Gedanken zu machen. Streng unterwies sie mich meine traditionelle Kleidung anzulegen.

Ich ging in mein Zimmer und kleidete mich um. Meine Tracht bestand aus zwei Tüchern. Ein rotes Tuch wickelte ich mir um meinen Brustkorb, ein anderes mit den Grundfarben Rot, Schwarz und Weiß, die ein schönes Muster ergaben, band ich mir um die Hüften. Ich legte mir die Schutzketten aus bunten Perlen quer über die Brust und meine Perlenkrone streifte ich mir über den Kopf. Letztere half mir, den Kontakt zu meinen Ahnen herzustellen.

Meine Lehrerin hatte mir nie erklärt, wie ich letzten Endes Patienten zu behandeln hatte. Sie sagte nur, die Spirits würden es mir schon sagen.

Es wird schon alles schiefgehen, dachte ich mir und nahm meine kleine Kürbisrassel aus meinem Medizinbeutel. Vor einer Woche hatte mir meine Schwester Furaha diese Rassel aus einem Flaschenkürbis gebaut und sie mit bunten Perlen geschmückt.

Ich atmete noch einmal tief ein und ging dann raus ins Freie. Mama Fatuma erwartete mich bereits

Sie beugte sich zu mir und flüsterte mir ins Ohr: »*Kangaga*, eine Medizinfrau ist nicht schüchtern vor ihren Patienten. Entspann dich!« Dann zwinkerte sie mir zu.

Wir gingen in den Zeremonialraum. Zwei Männer saßen auf niedrigen Klappstühlen. Ich nahm neben ihnen Platz, meine Lehrerin setzte sich etwas entfernt von uns auf einen Schemel.

Es hatte sich in Windeseile herumgesprochen, dass ich an diesem Tag meinen ersten Patienten behandeln würde. Einige Schüler und andere Medizinfrauen kamen herbei und wollten mir über die Schulter sehen.

Ein ungeheurer Druck lastete auf mir. Ich atmete einige Male tief durch und kam in meine Mitte. Dann begrüßte ich meine Patienten und sagte ihnen, dass ich zuerst meine Ahnen fragen müsse, ob ich ihnen helfen könne.

Ich hatte keinen blassen Schimmer, warum diese Männer hierhergekommen waren und was ihnen fehlte. Nie zuvor hatte ich sie gesehen und wusste auch nichts über ihr Leben. Doch ich wollte mich davon nicht beirren lassen.

Ich fing an zu rasseln und pfiff einen hohen Ton, der mir half in die Spiritwelt zu reisen.

Meine Sichtweise verschob sich und vor mir standen die Ahnen, bereit, mit mir zu arbeiten. Ich begrüßte sie.

»Könnt ihr mir weiterhelfen und mir sagen, ob diese Männer krank sind?«, bat ich sie um Inspiration.

Ein afrikanischer Spirit ergriff das Wort. »Der Mann, der dir gegenübersitzt, ist nicht krank, aber er weiß nicht, was er im Leben tun soll. Eine Person will ihm schaden und deswegen kommt er nicht weiter. Der andere ist sich nicht sicher, ob er das Richtige tut. Er glaubt nicht an die Kraft eines *Mganga*. Für ihn ist das alles Humbug. Außerdem hat er einen schweren Malariaanfall und er glaubt, dass es die Schuld schwarzer Magie sei, was aber nicht der Fall ist!«

Ich wiederholte diese Worte vor meinen Patienten und fragte sie, ob sie sich wirklich so fühlten. Sie bejahten beide und waren sehr überrascht, dass ich dies wusste.

Ich konnte an ihren Augen erkennen, wie misstrauisch sie mir gegenüber gewesen waren. Sie hatten nicht geglaubt, dass eine Europäerin solche Fähigkeiten besäße, doch im Laufe unserer Sitzung konnte ich sie mehr und mehr mithilfe meiner Ahnen davon überzeugen, dass ich kompetent war.

Es war auch für mich sehr überraschend, dass ich meine Spirits so klar hören und sehen konnte. Ich stellte meine Fragen und sie antworteten.

»Meine Ahnen erzählen, dass eine bestimmte Person dir dein Glück nicht gönnt. Es ist eine Frau und sie lebt westlich nur ein paar Meter hinter deinem Haus entfernt. Doch sie ist nicht stark genug und kann dir auch weiterhin nicht schaden, wenn du es nicht zulässt.« Der Mann nickte eifrig. Er wusste, von wem die Rede ist. Schon seit einiger Zeit hatte er Probleme mit einer Nachbarin, die hinter seinem Haus wohnte.

»Außerdem weißt du nicht, was du in deinem Leben machen sollst. Ich kann dir diese Entscheidung nicht abnehmen, aber meine Ahnen geben dir einen Ratschlag. Du hast etwas, was schon lange im Besitz deiner Familie ist. Du darfst es nicht weggeben oder verkaufen!«

Die anderen Medizinfrauen sahen mich an. Alle Blicke waren auf mich gerichtet, dann gingen sie zu dem Mann und wieder zu mir zurück. Der Mann überlegte, doch kam er nicht drauf, was meine Ahnen meinten. Schließlich fragte mich Mama Fatuma, was der Mann denn wohl besäße, was er nicht weggeben dürfe.

Ich begab mich noch tiefer in Trance, um noch klarer die Antwort meiner Spirits zu hören.

»Sie sagen, dass der Mann ein Grundstück besitzt. Er hat ein kleines Maisfeld und dieses darf er nicht verkaufen. Er wollte es schon einmal tun, doch es ist wie eine Absicherung für ihn und seine Familie. Haben meine Ahnen recht?« Ich stellte dem Mann diese Frage und sah ihm direkt in die Augen.

»Du hast vollkommen recht«, antwortete er. »Ich habe so ein Grundstück und wollte es tatsächlich schon einmal verkaufen. Ich werde es mir aber noch einmal überlegen.«

Ich nickte, dann fuhr ich fort. »Sie sagen mir auch, dass du geduldig sein musst. Du möchtest Erfolg haben in deinem Beruf, doch im Moment will nichts klappen. Hab noch etwas Geduld, bald kannst du etwas Geld bekommen.«

Der Mann bedankte sich. Er war zufrieden mit den Antworten der Ahnen. Nun konzentrierte ich mich auf den anderen Patienten. Er wirkte sehr erschöpft und saß zusammengekrümmt da, außerdem schwitzte er aus allen Poren. Ich fing an zu rasseln und stellte den Ahnen meine Fragen über ihn.

»Die Spirits sagen mir, dass du schon sehr lange krank bist. Du hast Malaria und glaubst, dass dies ein schwarzmagischer Angriff auf dich ist. Aber das stimmt nicht. Du hast nur nicht die richtige Behandlung gehabt. Dabei kann ich dir aber nicht helfen. Sie sagen aber, dass Mama Fatuma dir helfen kann. Sie kennt die nötigen Pflanzen für deine Heilung.« Mama Fatuma nickte. Sie war äußerst zufrieden mit mir.

Einige Wochen später kamen die zwei Männer wieder zu mir und bedankten sich. Der eine hatte einen neuen Job gefunden und verdiente nun etwas mehr Geld, der andere war wieder dank Mama Fatumas Hilfe gesund.

Es sprach sich herum, dass ich meine Fähigkeiten als *Mganga* bewiesen hatte, dass sogar Patienten von sehr weit zu Mama Fatuma kamen, nur um mich, ihre Schülerin und Helferin, zu sehen. Das Geld und die Geschenke der Patienten hatten Mama Fatuma und ihre Familie dringend nötig. Viel zu oft gab es nur wenig zu essen und nur für eins der sieben Kinder konnte sie sich das Schulgeld leisten.

Doch etwas trübte diesen Erfolg. Katana und ich durchlebten seit einiger Zeit eine Krise. Zwar freuten wir uns auf das Kind, doch ich bemerkte, dass es ihm schwerfiel, mir zu folgen. Ich durchlief mit ungeheurer Geschwindigkeit meine Ausbildung und ich registrierte, dass er mit mir nicht Schritt halten konnte, was einen Keil zwischen uns trieb; unsere Freundschaft war nun belastet.

Es verging kein Tag, an dem wir uns nicht zankten und stritten. Mit der Zeit wurden wir aggressiver, da der Druck stärker wurde. Dunkle Seiten in uns kamen zum Vorschein.

Ich wollte das alles nicht und hielt die Situation auch nicht mehr aus. Daraufhin ging ich zu meiner Lehrerin.

»Mama Fatuma, ich weiß nicht, was ich tun soll. Katana benimmt sich schrecklich und ich reagiere auch nicht viel besser. Am liebsten würde ich mich von ihm trennen und alleine arbeiten.«

»Das ist nicht so einfach, *Kangaga*. Erzähl mir doch, was du geträumt hast über dein Baby.«

»Ich wurde wie so oft im Traum von den Ahnen gelehrt. Sie zeigten mir gerade verschiedene Pflanzen, die nur in Sumpfnähe wachsen. Die Farben im Traum waren sehr bunt und intensiv und ich war mir vollkommen bewusst, dass ich träumte. Ich war die Träumende in einem Traum. Plötzlich unterbrachen die Ahnen ihre Lektion und fingen an, mich zu einem Hafen zu treiben. Sie hatten es sehr eilig, da ein Schiff auf mich wartete, das bereit war abzulegen. Ich ging an Bord und wir fuhren weit hinaus auf das offene Meer.

An Deck des Schiffes stand ein Pirat. Er ging auf mich zu. Seine Augen spielten mit mir und funkelten mich lustig an. Er kannte mich schon und ich glaube, er war höchst amüsiert darüber, dass ich ihn nicht kannte. Auf jeden Fall sah er mich fest an. Er sagte kein Wort, aber er konnte telepathisch mit mir kommunizieren, und er teilte mir mit, ich solle ihn beobachten. Dann schnappte er sich ein Fahrrad, schwang sich darauf und fuhr über eine Rampe am Bug direkt ins Meer. Ich konnte vollkommen klar und tief in das Meerwasser hineinsehen. Er tauchte so tief unter, dass mir richtig bang wurde. Ich erinnere mich noch, dass ich dachte, ich würde mich das niemals trauen, so tief zu tauchen.

Als er wieder hochkam, hielt er ein kleines weißes Bündel in den Händen. Er sprang aus dem Wasser und war dann wieder auf dem Deck. Er ging an mir vorbei und legte das Bündel vorsichtig auf den Boden. Ich sah ihn an und fragte ihn, was denn im Bündel drin sei. Er meinte nur, ich solle es mir selbst ansehen.

Ich ging darauf zu, hob es auf und sah das Wundervollste, was ich bis zu diesem Zeitpunkt je gesehen hatte. Ich hielt ein Kind in meinen Armen. Es war aber so seltsam. Ein helles Licht strahlte von diesem Kind aus. Seine Augen waren nicht menschlich, glichen fast einem Reptil. Es war erleuchtet, wissend und vollkommen unschuldig. Ich blickte es sehr lange an. Das Kind gluckste und freute sich, dass ich es in meinen Armen hielt.

Der Pirat trat auf mich zu und sagte, dass dies mein Kind und eine sehr alte Seele sei. Ich sah mein Baby und es war wie ein überirdisches Wesen von einem anderen Planeten. Eine tiefe Liebe floss durch mein Herz und verband sich mit dem Herzen des Kindes.

Mama Fatuma, es war so schön, ich könnte weinen, weil es so wundervoll war. Als ich dann aber aufwachte, hatte ich das Gefühl, dass dieses Kind auch einen Vater braucht. Was soll ich jetzt bloß tun? Wenn ich mich von Katana trenne, riskiere ich vielleicht, dass ich mein Baby verliere.«

»Du vergisst, *Kangaga*, dass du einen Eid geschworen und Katana als Vater von deinem Medizinbaby *Kabunda* akzeptiert hast. Es kann passieren, dass *Kabunda* stirbt, wenn sie keinen Vater hat, aber du musst sie selbst fragen. Ich kann nur sagen, dass es bestimmte Rituale gibt, die einen Eid brechen können, doch der Preis ist hoch, den du dafür bezahlen musst.«

In Gedanken versunken und zutiefst deprimiert ging ich zu meinem Haus, das ich erst vor ein paar Tagen gemietet hatte. Katana und ich lebten dort. Das Haus war zwar schön, hatte aber weder Elektrizität noch Wasser. Als ich daheim ankam, legte ich mich auf mein Bett. Weinkrämpfe schüttelten mich. Ich fühlte mich alleine und verzweifelt.

War ich denn schon bereit, ein Kind zu erziehen und zu pflegen? Das Geld wurde mit jeden Monat knapper und was würden bloß meine Eltern dazu sagen, wenn ich mit einem Kind aus Afrika zurückkäme?

Katana hörte mein Schluchzen und kam ins Zimmer. »Was ist denn mit dir? Ist dir nicht wohl wegen dem Baby?«

»Ach, Katana, ich fühle mich so alleine. Meine Freunde sind so weit weg. Ich weiß, ich bin nicht alleine, aber ich fühle mich dennoch so.«

Katana verdrehte die Augen. »Nicht schon wieder! Immer beschwerst du dich. Entweder hast du Kopfschmerzen oder Durchfall. Dann tut dir dies weh, dann das. Dann bist du alleine. Ich verstehe dich nicht, ich bin doch die ganze Zeit bei dir!«

»Ich fühle mich nicht gut«, entgegnete ich ihm energisch, »und die Hitze macht meinem Körper zu schaffen. Ich bin dieses Essen nicht gewohnt, deswegen bekomme ich andauernd Durchfall. Ich weiß, du bist hier, aber versuch dich doch mal in meine Lage zu versetzen. Ich habe mein Leben lang in Europa gelebt und auf einmal lebe ich hier in Afrika. Es fällt mir schwer, mich auf so vieles umzustellen. Ich hätte gerne meine Freunde hier, damit ich mit ihnen reden kann. Ich fühle mich nicht wohl, deswegen geht es mir nicht gut.

Und lass mich doch in Ruhe«, schrie ich ihn an, »wenn ich dich so sehr belästige! Ich habe sowieso schon genug von dir! Du kannst nichts selber entscheiden! Alles muss ich entscheiden, angefangen von dem, was wir essen, bis hin, was wir jetzt tun und machen!« Meine ganz aufgestaute Wut kam jetzt hoch. Ich war nicht mehr zu bremsen und machte Katana weiterhin Vorwürfe.

Katana blieb nicht lange ruhig und schrie zurück. Als er immer erregter wurde, schlug er mit geballter Faust so fest gegen die

Wand, dass der Putz in mittelgroßen Stücken zu Boden bröckelte.

Erschrocken hielt ich inne. Nie zuvor hatte ich ihn auf diese Weise erlebt. Aggressiv sah er mich an, doch dann resignierte er und setzte sich auf die Bettkante. Auch ich setzte mich still vor ihm auf den Boden und schloss meine Augen vor Erschöpfung.

Nach einer kurzen Atempause fiel mir auf, dass Katana auf Arabisch zu beten begann. Ich wusste, dass er Moslem war, doch ich fand es trotzdem seltsam, dass er in diesem Augenblick an den Koran dachte.

Er betete auf eine bestimmte Art, dass sich mir die Haare auf dem Rücken aufstellten. Seine Stimme wurde tiefer und war mir vollkommen fremd.

»Katana? Was ist los? Katana?« Er reagierte nicht auf meine Frage.

Ein unheimliches Gefühl überkam mich. Etwas stimmte nicht. Katana strahlte dunkle Magie aus.

»Katana, bitte antworte mir! Warum betest du?«

Doch auch diesmal kam nur ein unverständliches Grunzen von ihm. Ich schloss kurz meine Augen, um mich zu sammeln und in meine Mitte zu kommen. Ich wollte wissen, warum sich Katana so seltsam benahm.

Vor meinem dritten Auge sah ich, dass Katana nicht mehr er selbst war. Er war besessen von einem Wesen, das uns nichts Gutes wünschte. Ich beobachtete, wie dieses Ungeheuer auf mich zukroch und mich würgen wollte, dann riss ich erschrocken meine Augen auf.

»Shani … ich fühle mich nicht wohl. Etwas schnürt meine Kehle zu und ich bekomme keine Luft mehr. Meine Brust … meine Brust schmerzt. Ich bekomme keine Luft mehr … Shani … Shani!«

Ich wusste, es ging um Leben oder Tod.

»Katana, schnell, steh auf! Wir müssen zu Mama Fatuma!«, rief ich voller Panik und hatte große Angst um ihn.

Ich half ihm von der Bettkante auf, doch er fiel zurück, war zu schwach, um wieder aufzustehen. Angst ergriff mich, doch sie half mir umso stärker zu werden. Ich griff nach Katanas Arm, schlang ihn um meine Schulter und schleifte ihn hinaus ins Freie.

Ein langer Fußmarsch lag vor uns und wir hatten nur wenig Zeit. Katana schlurfte mit seinen langen Beinen über den Boden und sein ganzes Gewicht lastete auf meinem Körper. Er war über einen Kopf größer als ich und es fiel mir schwer, ihn geradeaus zu bewegen. Die Menschen, die uns sahen, lachten über uns, denn sie dachten *mein Ehemann* hätte einen ordentlichen Rausch. Sie wussten nicht, dass Katana dem Tod ins Auge sah. Ihm fiel es immer schwerer, zu atmen. Er röchelte und einige Male mussten wir stehen bleiben, damit er sich ausruhen konnte. Die Zeit lief uns davon und ich drängte ihn nicht aufzugeben.

»Komm, Katana, wir haben es beinahe geschafft, noch ein paar Meter und wir sind bei Mama Fatuma.«

Meine Stimme klang gehetzt und Tränen standen mir in den Augen. Endlich, nach einer halben Ewigkeit, so schien es mir, erreichten wir das Haus unserer Lehrerin.

Die sieben Hunde, die uns normalerweise freudig begrüßten, knurrten Katana heftig an. Sie waren außer sich und fletschten ihr Zähne. Mama Fatuma war gerade mit ihrem Abendessen fertig und in der hereinbrechenden Nacht hätte sie uns kaum erkennen können.

Trotzdem rief sie sofort nach Katanas und meinem Namen.

»Mama Fatuma, schnell!«, flehte ich sie an. »Ich weiß nicht, was los ist mit Katana. Er bekommt keine Luft und ist wie besessen. Ich wusste nicht mehr weiter, deshalb sind wir hier, bitte hilf uns!«

Mama Fatuma war trotz der hektischen Situation die Ruhe in Person. Baba Saidi nahm mir Katana ab und brachte ihn ins Haus. Mama Fatuma und ich folgten ihnen.

Als wir den Innenraum betraten, verschwand meine Lehrerin für kurze Zeit hinter einem Vorhang und kam dann schließlich mit ihren Medizin- und Schutzketten zurück.

»Shani, das nächste Mal, wenn so etwas passiert, dann musst du dich immer davor schützen«, sagte sie streng. »Nimm nun meine Ketten und lege sie dir um deinen Brustkorb.«

Ich befolgte ihre Anweisung. Dann sah ich wieder zu Katana. Der Ehemann von Mama Fatuma hatte ihn auf den Boden gesetzt und ihm ein blaues Tuch über den Kopf gezogen. Mama Fatuma hatte schnell einen Topf mit heiligen Pflanzen und Wasser zubereitet und gab mir nun einen kleinen Schluck von diesem. Auch Katana musste von dem heiligen Wasser trinken.

Erst nach einer Weile registrierte ich, dass Katana geistig weit weg war und nun ein völlig fremdes Wesen neben mir saß.

Baba Saidi zog das blaue Tuch von Katanas Kopf. Dieser atmete zwar wieder ruhig, doch seine Augen waren so schwarz wie die Nacht und blickten finster in unsere kleine Runde. Lange beobachtete er uns, dann fing er wieder an auf Arabisch zu beten.

Auch Mama Fatuma fiel in ein monotones Gebet ein. Sie hatte den Koran studiert, da sie schon früh in ihrem Leben Kontakt zu ihren arabischen Ahnen hatte.

Doch was sie hier vorfand, war kein Spirit, sondern ein Wesen, geschickt von den dunklen Mächten. Gespannt sah ich Katana an. Er war nicht wiederzuerkennen. Eine dunkle Aura umfing ihn. Er wirkte größer und bedrohlicher, obwohl er sich gleichzeitig wie eine Marionettenpuppe bewegte, die an unsichtbaren Fäden hilflos dem Spiel einer bösen Macht ausgeliefert war.

Stille trat ein. Die Situation im Raum war zum Zerbersten. Ich hörte nur den rauen Atem dieses Dämons.

»Warum bist du hier?«, durchbrach die Stimme von Mama Fatuma die beklemmende Ruhe.

Der Dämon hob langsam den Kopf und blickte direkt in Mama Fatumas Augen. »Ich bin hier, um Katana zu töten, weil er uns Shani gestohlen hat.«

»Wen bezeichnest du als *uns*?«

»Ich wurde von der Familie von Katana geschickt, weil er Shani gestohlen hat. Deswegen muss er nun büßen und sterben.«

Auf diese Nachricht reagierte ich völlig schockiert. Diese Menschen, die Familie von Katana, die immer so freundlich zu mir gewesen war, beauftragte einen Dämon, um ihren *Sohn* zu töten? – Ich konnte es kaum glauben.

Ich wusste zwar, dass sie nicht begeistert waren, als ich vor Monaten entschied, mit Katana alleine zu leben und nicht in ihrem Haus. Doch nun war ich völlig vor den Kopf gestoßen. Wie konnten diese Menschen ihrem eigenen Familienmitglied so etwas antun?

»Nein, ich sage dir, du darfst Katana nicht töten!«, sagte Mama Fatuma in strengem Ton. Auch sie war empört.

Der Dämon und Mama Fatuma stritten sich. Ihre Stimme wurde heftiger und sie fing an, ihn auf *Kigiriama*, ihrer Muttersprache, wild zu beschimpfen und anzuschreien.

Ich verstand kein einziges Wort.

Der Meinungswechsel wurde immer schneller, bis ich schließlich bemerkte, dass der Dämon leiser wurde, ja, fast resignierte. Jetzt sprach nur mehr Mama Fatuma und der Dämon nickte demütig.

Sie hatte es tatsächlich geschafft, ihn davon zu überzeugen, Katana nicht zu töten.

Sie fing an zu lachen. Es war so ansteckend, dass ich mitlachen musste. Mama Fatuma war kaum zu bremsen. Sie hielt sich ihren großen Bauch und lachte, als wäre die Situation das Lustigste, was sie je erlebt hatte.

Tränen kullerten ihre Wange hinunter und sie schlug sich aufs Knie, um kurz nach Luft zu schnappen und dann erneut loszuprusten.

Ich bewunderte diese starke Frau, die mit ihrer Fröhlichkeit und Gelassenheit oder einfach nur Vertrauen in den Großen Geist gerade dabei war, Katanas Leben zu retten.

Plötzlich wurde sie wieder still. Sie kam ganz nah an Katanas Gesicht heran. »Hör gut zu! Komm nicht wieder! Es war sehr amüsant, dich kennengelernt zu haben, aber ich rate dir nicht wieder aufzutauchen und Katana und Shani in Schwierigkeiten zu bringen. Shani wurde nicht von Katana gestohlen. Also, lass die beiden in Ruhe! Geh zurück zu deinem Herrn und sag ihm, dass du deinen Job erledigt hast. Und nun verschwinde und komm nicht mehr wieder!«

Kaum hatte sie fertig gesprochen, verschwand die dunkle Aura von Katana und er sackte erschöpft zu Boden. Der Spuk war vorbei.

Ich beugte mich zu Katana und fragte ihn, ob es ihm gut gehe. Er lächelte schwach. Wir hatten diesen Angriff heil überstanden und vorerst einmal herrschte wieder Frieden. Doch eine Vorahnung beschlich mich.

Langsam lernte ich mehr und mehr das zweite Gesicht Afrikas kennen. Außer dem schönen Afrika, der wundervollen Natur, den starken spirituellen Menschen gab es auch noch eine andere Seite, die dunkle und unverständliche.

Naive Wut, gepaart mit kindlichem Trotz, stieg in mir auf. Wir hatten doch diesen Menschen nichts angetan. Ich verstand nicht, warum sie uns Böses antun wollten. Doch ich wollte nicht den gleichen Fehler begehen wie sie und Rache schwören. Nein, so wollte ich nicht vorgehen.

Ich werde zum Großen Geist beten und zu meinen Helfern, damit sie uns Schutz und Ratschläge geben und uns führen, dachte ich im Stillen.

Mama Fatuma gab uns den gleichen Tipp. Sie meinte, dass wir nun sieben Tage lang jede Nacht unser Haus mit Weihrauch räuchern und zu *Mungu* – zu Gott – und den Ahnen beten und ihnen Gaben in Form von Maisgries geben sollten.

Still und erschöpft gingen Katana und ich in die Nacht hinaus. Der Mondschein vom Himmel und die funkelnden Sterne erhellten unseren Weg nach Hause.

Die Rache des Zauberers

Es war schon dunkel und der alte Zauberer saß alleine tief im Busch. Nur ein kleines Feuer vor ihm erhellte leicht die Umgebung und warf unheimliche Schatten auf den Boden. Er hielt einen Stock in seiner Hand und malte mit ihm gedankenversunken Kreise in die rote Erde unter seinen Füßen. Er hatte sich gut vorbereitet, hatte die notwendigen Rituale durchgeführt und die Dämonen der Finsternis heraufbeschworen. Bis an seine Grenzen hielt er eine Woche lang Zeremonien ab. Nun war er erschöpft, doch ein Gefühl von Zufriedenheit durchfloss ihn und glättete die Wogen seiner Unruhe. Der Zauberer glaubte sein größtes magisches Lebenswerk geschaffen zu haben. Hinterlistig lächelte er, denn er war sich seines Sieges über diese Europäerin sicher.

Wenn sie schon nicht starb, dann wird sie auf jeden Fall ihren Verstand verlieren und nie mehr wieder aus diesem Chaos der Verrücktheit zurückfinden.

Er hatte lange genug ruhig und im Verborgenen seinen kaltblütigen Plan geschmiedet und er kam sorgfältig Schritt für Schritt näher an sein Ziel.

»Nicht mehr lange und die Weiße wird mein nächster Triumph sein, das sage ich dir, Meister der Dunkelheit.«

Die Stimme des Zauberers klang hohl und unheilvoll in der dunklen Nacht. Dabei hatte er seinen Stock erhoben und vollzog mit ihm eine drohende Gebärde.

Doch dann brach er ab und schwelgte wieder in seinen Erinnerungen. Schon als Kind war er auf seine Schwester eifersüchtig gewesen. Sie, die starke Träume und eine bestimmte Freiheit besaß, die anderen im Dorf unerschlossen geblieben waren. Seine Schwester war schon immer neugierig und ging mit Leichtigkeit durchs Leben, die Neid in anderen erweckte – auch in ihm.

Als sie dann schwer krank wurde und zu diesem Medizinmann in die Lehre ging, um eine weise Frau zu werden, hatte es ihn vor Hass beinahe das Herz zerrissen. Nicht, dass er seine Schwester irgendwo tief im Herzen liebte, doch er wollte dieser Liebe nicht Platz machen, sei es für sie oder für wen anders.

Weil keine Liebe in seinem Herzen Raum hatte, lebte er alleine, doch er war dadurch unabhängig von den anderen. Er wünschte sich nichts sehnlicher, als frei zu sein wie seine Schwester, und er glaubte, dass er nur durch die dunkle Macht diese Freiheit bekäme.

Doch wenn er ehrlich zu sich selbst war, erkannte er, dass er ein großes Netz webte, in dem er sich längst selbst verfangen hatte. Er war im Laufe seins Lebens Sklave geworden – ein billiger Diener seiner Dämonen.

Hass gegen sich selbst und sein Leben wüteten so sehr in ihm, dass er seinen Stock auf den Boden schleuderte. Er wollte jemanden verantwortlich machen für sein Leid. Ja, es waren die Weißen, die Schuld an seinem Leid hatten. Sie waren es ja, die in sein Land eindrangen und nahmen, was ihnen nicht gehörte, so wie die Schülerin seiner Schwester. Keiner hatte *Kangaga* hierher eingeladen. Er wollte Rache nehmen an dieser weißen, westlichen Gesellschaft, die so viel zerstört hatte.

Sie haben uns unsere Fringos – unsere Fetische – gestohlen und uns in die Armut gestürzt. Er hielt kurz inne. *Aber haben mir eigentlich diese heiligen Sachen je etwas bedeutet? War ich nicht schon seit jeher mit der dunklen Seite verbunden?*

Der Zauberer fing an, über sich selbst zu lachen. Er ließ seinen Kopf in den Nacken fallen und entblößte beim Lachen seine hässlichen braunen Zähne. Seine wilden dunklen und rot unterlaufenen Augen starrten in den Himmel, als ob sie Gott verhöhnen wollten.

Aber natürlich, Hass und Rache bestimmen doch schon immer mein Leben. Zwar ging ich zu den heiligen Zeremonien des Stammes, aber nur, um mein nächstes Opfer auszukundschaften und den Schein zu bewahren, dass ich ein guter Mensch bin.

Heftig und erregt murmelte er in die Dunkelheit hinein.

»Pah, dass ich nicht lache! Es gibt keine guten Menschen. Jeder hat in sich eine dunkle Seite, in jedem steckt ein Mörder. Es herrscht doch vorwiegend Dunkelheit und Verwirrung in euren Herzen. Ihr Menschen seid doch der letzte Abschaum, weil ihr nicht erkennen wollt, dass dies die Wahrheit ist, und ihr euch nicht von der dunklen Seite leiten lasst, die euch doch so viel Macht geben kann!«, spie er hervor.

Doch keiner hörte ihm zu. Er war allein. Und erkannte, dass er trotzdem von diesem *Abschaum* abhängig war.

Vor allem von *Kangaga* war er im höchsten Maße abhängig, da sie das Leben besaß, und zwar in einer Reinheit und Unschuld, die er nicht kannte. Er brauchte ihre Lebendigkeit, ihre helle Seite, damit seine dunkle Seite überhaupt existierte. Aber was er am dringendsten brauchte, war ihr weibliches Wesen.

Er hatte sich nie Gedanken über diese Seite von sich gemacht. Sie war ihm fremd, jene Seite, die empfänglich ist. Die Seite in ihm, welche das Leben bewahrt und beschützt und nicht zerstört. Doch leider brauchte er die Kraft von starken Frauen, vor allem der Medizinfrauen, um seine weibliche und männliche Seite in Balance zu halten.

Die sieben heiligen Pfeile

Still und erschöpft gingen Katana und ich nach einem weiteren Tag bei Mama Fatuma nach Hause. Es war schon spät und tiefe Dunkelheit legte sich auf unser Haus nieder. Da Katana und ich keinen Strom hatten, zündeten wir nach Einbruch der Dunkelheit immer Kerzen und eine Kerosinlampe an. Ich legte mich auf unser Bett und lauschte den Geräuschen der Nacht. Die Zirpen sangen ihr Lied und die Stimmen unserer Nachbarn klangen dumpf und wurden mit jeder Stunde leiser.

Katana machte das Licht aus und ging ebenfalls schlafen. Schon nach wenigen Minuten konnte ich seine ruhige und gleichmäßige Atmung hören. Ich wollte es ihm gleichtun, konnte aber kein Auge schließen.

Viele Gedanken schwirrten mir durch den Kopf, denn es fiel mir schwer, all das zu verarbeiten, was ich in letzter Zeit erlebt hatte. Der Unterricht und die Zeremonien bei Mama Fatuma gaben mir Stärke und ich erhielt Tag für Tag mehr Wissen. Doch die Probleme mit Katana waren für mich nicht mehr auszuhalten. Ich spürte meine aufgestaute Wut ihm gegenüber. Was hatte das alles zu bedeuten? Fühlte ich nur so, weil uns die Familie schwarze Magie schickte?

Erst tags zuvor war wieder etwas Seltsames passiert. Eine schwarze Mamba, die gefährlichste und giftigste Schlange Kenias, hatte Katana vor unserem Haus angegriffen. Beinahe hätte sie ihn gebissen. Ich hatte mich im Haus aufgehalten, als ich die erregten Stimmen von draußen vernahm. Schnell lief ich hinaus, um zu fragen, was los sei. Katana und sein Bruder standen vor dem Haus. Ich ging zu Katanas Bruder, der einen großen Eisenstab in der Hand hielt. Er hatte die Schlange getötet.

Jetzt, einen Tag später, fragte ich mich, ob dies ein gutes Zeichen sei. Natürlich war ich froh, dass Katana um ein Haar mit dem Leben davongekommen war, doch die Schlange war auch mein Medizintier – und damit mein Helfer.

Wollte sie mir damit etwas sagen oder wollte sie mich einfach nur beschützen? Aber vor wem, vor Katana? Er war doch mein Partner. Gut, wir hatten im Moment einige Probleme, die ich nicht leugnen konnte, doch größtenteils rührten sie von Katanas Familie her.

Es war zum Verrücktwerden. Ich hatte Angst vor all diesen dunklen Mächten, die um mich herum waren, die mich einhüllten wie ein nicht wärmender, schwerer und schwarzer Mantel.

Ich wusste auch, dass ich auf der Hut sein musste vor Mama Fatumas Bruder. Er und eine Frau des Stammes gönnten mir keinen Erfolg. Sie waren auf meine Kraft, vielleicht auch auf mein Geld und meine Herkunft eifersüchtig.

Und obwohl ich sehr für meine Integrität kämpfte, indem ich ihre Sprache erlernte und ich sehr bemüht war, mich den Umständen anzupassen, akzeptierten mich die beiden und wahrscheinlich noch ein paar andere nicht. Sie wollten mich aus ihrem Stamm ausschließen.

War das gerecht? Ich hatte ihnen doch nichts angetan!

Voller Unschuld kam ich nach Afrika, nahm unzählige Opfer auf mich – wie Malaria, Kopfschmerzen, Durchfall und das Allerschlimmste: fast keine Freunde – und diese Menschen schickten mir nur schwarze Magie, um meinen Geist zu rauben, mich verrückt zu machen, damit ich letztendlich all meine Pläne, mein afrikanisches spirituelles Erbe aufgab.

Wieder kullerten große Tränen meine Wangen hinunter. In letzter Zeit kam dies fast täglich vor. Angst und Zweifel plagten mich dann und verschnürten mir die Kehle. Ich fühlte mich fern und verlassen von meinen Krafttieren und Spirits. Meine verwirrten und ängstlichen Gedanken machten mich müde und ließen mich in einen Dämmerzustand gleiten, ähnlich wie bei einer Trance.

Ich befand mich noch immer in meinem Zimmer. Es schien, als würde ich eingeschlafen sein, doch ich wusste, dass sich mein

Geist von meinem Körper gelöst hatte. Meine Sichtweise verschob sich dadurch und ich stand plötzlich neben mir und sah meinen liegenden Körper. Eine Zeit lang beobachtete ich mich. Obwohl es im Zimmer dunkel war, konnte ich alles klar und deutlich sehen.

Ruhig, fast schwebend schritt ich zur Tür, die zu unserem zweiten Raum führte. Ich öffnete sie geräuschlos und wollte schon ins Zimmer eintreten, doch statt des üblichen Raums erblickte ich ein Meer von kleinen und großen Schlangen. Sie waren auf dem Boden, an der Zimmerdecke, an Türen, Fenstern und Wänden, einfach überall. Der ganze Raum schien sich zu bewegen.

Voller Entsetzen sprang ich einen Satz zurück. Ich wollte schreien, doch kein Laut kam mir über die Lippen. Wegrennen war die zweite Möglichkeit, doch wohin?

»Lauf nicht davon, du musst dich deiner Angst stellen!«, sagten die Schlangen, als hätten sie meine Gedanken gelesen. »Wir wollen dir nichts Böses tun. Wenn du etwas lernen möchtest, dann betrete nun diesen Raum.«

Noch immer voller Furcht starrte ich sie fassungslos an.

»Was? Ich soll da hinein. Oh nein, nicht mit mir! Ich kann das nicht!«, entgegnete ich verzweifelt.

»Habe keine Angst vor uns, wir wollen dir helfen, dich zu heilen. Komm jetzt, komm! Komm!«, meinten sie und lockten mich in ihre Höhle.

Langsam und ganz vorsichtig, darum bemüht, keine Schlange unter meinen Füßen zu zertreten oder ihr zu nahe zu kommen, betrat ich den Raum. Gebannt sahen mir alle zu und als ich die Mitte des Raumes erreicht hatte, näherten sie sich mir. Schnell und flink glitten sie meinen Körper hinauf. In wenigen Sekunden war ich von unzähligen Schlangen bedeckt und mein Geist schien zu zerspringen. Ich wollte meine Angst durchbrechen, denn ich wusste, dass diese Tiere sie widerspiegelten, ebenso wie all meine Erfahrungen rund um die Angst. Ich fing an zu beten und flehte die Schlangen an, mir nichts anzutun.

Plötzlich waren alle Schlangen weg und drei große, wilde schwarze Panther standen vor mir.

»Du musst dich für einen Panther entscheiden. Nur einer ist der richtige für dich!«, sagte eine wohlklingende männliche Stimme, die aus dem Nichts kam.

Ich ging langsam auf einen Panther zu, bemerkte aber schnell, dass er mich nicht willkommen hieß. Er fauchte mich an und holte mit seiner großen Tatze zu einem bedrohlichen Schlag aus. Ich wich zurück und ging zu dem anderen Panther. Auch er sah mich verächtlich an und ich wusste, dass ich ihm nicht zu nahe treten sollte.

Somit ging ich zu der dritten und letzten Raubkatze. Auf mich wirkte sie viel ruhiger und nicht so aggressiv wie die vorigen. Gemächlich leckte sie ihre Pfote und sah mich warm und freundlich an. Ich bemerkte auch, dass die vorherigen Raubkatzen alle männlich gewesen und diese hier weiblich war.

»Komm zu mir, Shani, ich bin die Richtige!«, sagte sie.

Langsam näherte ich mich ihr, berührte ihr weiches Fell und kraulte sie eine Weile hinter den Ohren.

»Steig auf meinen Rücken. Wir haben nicht viel Zeit und ich muss dich zu einem bestimmten Ort bringen«, meinte sie und ich tat, was mir aufgetragen wurde.

Ihr Körper war der einer großen, geschmeidigen Katze. Ich spürte ihr samtiges Fell zwischen meinen Beinen, als wir geräuschlos aus dem Haus in die tiefschwarze Nacht flogen.

Wir durchquerten verschiedene Welten und Ebenen, bis wir zu einer Dimension kamen, die aus reinem weißem Licht bestand. Dort sah ich eine Gestalt, die auf uns zukam. Zuerst erkannte ich sie nicht, doch dann machte mein Herz einen freudigen Sprung.

»Ramiris! Mein Freund! Ich bin so glücklich, dich wiederzusehen! Bitte lehre mich … ich habe dich seit meiner Initiation nicht mehr gesehen. Ich freue mich wirklich. Bitte lehre mich dein Wissen«, sprudelte es nur so aus mir heraus.

»So, so. Ich habe dich schon erwartet«, sagte Ramiris ernsthaft. »Wir haben nicht viel Zeit. Ich will dich zu einem Freund bringen. Du kennst ihn. Er wird dir eine Prüfung auferlegen, aber wenn du sie nicht bestehst, wirst du sterben.« Mein Lächeln verschwand augenblicklich aus meinem Gesicht.

Sterben ... sterben ... sterben, hallte es immer wieder durch meinen Kopf wie ein ewiges Echo. Meine Vorfreude wich wachsender Angst, die meine Kehle zuschnürte.

»Komm, wir müssen jetzt gehen!«, befahl er und nahm meine Hand, ohne meine Zustimmung abzuwarten.

Ich wollte nicht mitkommen, vielleicht würde ich ja tatsächlich sterben! Aber blieb mir angesichts der Forderung eines so mächtigen Spirits eine Wahl? – Nicht ernsthaft.

Wir durchquerten wieder in Lichtgeschwindigkeit alle möglichen Welten und blieben abrupt stehen. Ich hatte völlig die Orientierung verloren, doch als ich mich umsah, wusste ich, dass wir uns tief unter der Erde befanden.

Obwohl rings um uns heiße Lava floss, waren wir geschützt vor ihr, da wir in einer großen, unterirdischen Steinhöhle standen. Mein Blick schweifte umher und ich sah, dass noch viele kleinere Höhlen dieser folgten.

Jemand klopfte mir unerwartet auf die Schulter. Erschrocken drehte ich mich um. Ein Indianer stand vor mir. Er wirkte wie ein Krieger, voller Anmut stand er da und in seinen Augen erblickte ich Wachsamkeit. Sein Gesicht war ernst. Trotzdem fühlte ich, dass er ein warmes und liebevolles Herz hatte. Außer seinem Lendenschurz hatte er keine Kleidung an und sein muskulöser und sehniger Körper beeindruckten mich nicht wenig. Ich konnte außerdem noch erkennen, dass er einen Köcher mit Pfeilen und Bogen auf seinen Rücken geschnallt hatte.

»Sei gegrüßt, lieber Freund«, sprach Ramiris ihn an, »du, der die hellen und dunklen Pfeile der Menschen wie auch das Wissen der Regenbogenpfeile kennt. Wächter und Träger der sieben heiligen Pfeile, ich bringe dir eine Schülerin!« Dann drehte er sich um und verschwand spurlos. Überwältigt vom Lauf der Dinge sah ich mich hilflos um.

Der Indianer sah mich freundlich an. »Komm, du hast eine Prüfung vor dir. Wie du weißt, wirst du sterben, falls du sie nicht bestehst!«

Warum muss er mich daran erinnern? Ich hab auch so schon Angst genug.

Wir schritten durch den unübersichtlichen Höhlenkomplex. Neugierig und erstaunt sah ich mich um, bis wir schließlich stehen blieben. Eine Zielscheibe stand etwa zwanzig Meter von uns entfernt. Der Indianer nahm den Bogen und den Köcher mit den Pfeilen ab. Dabei beobachtete er mich aus seinen tiefschwarzen Augen.

»Du weißt um das Wissen der Pfeile Bescheid. Diese Pfeile in meinem Köcher«, sprach der Indianer, »stehen für die hellen und heiligen Pfeile, aber du weißt auch, dass die Menschen sowohl dunkle Pfeile abschießen können. Wenn sie dies tun, belasten sie sich jedes Mal mit Karma. Wenn du aber helle Pfeile abschießt, dann sammelst du Darma, die Erlösung von Karma. In meinem Köcher sind nur heilige Pfeile. Deine Aufgabe ist nun, dass du jeden dieser sieben Pfeile genau in die Mitte dieser Zielscheibe schießen musst. Wenn du es nicht schaffst, erwartet dich Bruder Tod.« Dann reichte er mir den Bogen und den ersten Pfeil.

Kurz dachte ich über das Wissen der Pfeile nach. Mit siebzehn Jahren machte ich die erste Bekanntschaft mit diesem Regenbogenkrieger, dem starken Träger der Pfeile. Ich wusste noch, dass je nachdem, wie wir uns leiten lassen, wir einen hellen oder einen dunklen Pfeil aus unserem Köcher herausnehmen, sei es durch bestimmte Bedürfnisse, Wünsche oder ein Verlangen.

Der Prozess ist, dass wenn man sich für einen hellen Pfeil entscheidet, ein dunkler zerbricht und man einen Regenbogenpfeil stattdessen bekommt. Wenn wir uns aber für den dunklen Pfeil entscheiden, stechen wir in unseren Karmakreis und wenn wir ihn dann verwenden, schaffen wir neues Karma. Wir sind dann nicht mehr Bestimmer unseres Lebens, sondern Opfer. Die Pfeile stehen für die verschiedensten hellen und dunklen Qualitäten eines Menschen und können uns lehren, wie wir auf unseren Wegen dem Großen Geist mehr und mehr näher kommen, um schließlich wieder zurück in die Mitte, ins Zentrum der heiligen Spirale des Lebens zu gelangen.

Die Regenbogenpfeile, der Indianer nannte sie »heilige Pfeile«, stehen für die Liebe, Intuition und Innenschau, für Unschuld und Vertrauen, für die Wahrheit, Freiheit und Weisheit, für die Harmonie, die Lebenskraft und die Erleuchtung, für das Eins-sein-mit-allem.

Doch jetzt stand ich hier, in einer Hand den Bogen und in der anderen den ersten Pfeil. Ich spannte ihn, visierte das Ziel an, atmete durch den Mund aus und ließ los.

Der Pfeil sauste flink und traf exakt die Mitte der Zielscheibe. Mit den nächsten fünf Pfeilen erging es mir nicht anders. Als ich jedoch den letzten Pfeil, es war der Pfeil der Unschuld und des Vertrauens, auf den Bogen spannte und abschoss, flog dieser nicht wie geplant dem Ziel zu.

Mitten im Flug fing er an, ins Ungleichgewicht zu kommen. Er schleuderte umher und verfehlte schließlich um knapp einen Meter sein Ziel.

Mir stockte der Atem. Ich hatte versagt. Ich musste sterben. Erschrocken sah ich den Indianer an.

Er grinste mich an und sagte ruhig: »Keine Panik! Du kannst es noch einmal versuchen.«

Etwas beruhigt nahm ich denselben Pfeil in die Hand, spannte ihn auf den Bogen, konzentrierte mich auf das Ziel und schoss ihn ab. Wieder geriet er ins Schleudern und verfehlte die Scheibe. Verzweifelt blickte ich den Indianer an.

Ich wollte ihn schon anflehen, er solle mich verschonen, denn ich wollte noch nicht sterben, als er ernst zu mir sprach: »Du hast noch eine Chance! Aber es ist deine letzte!«

Ich sah in seine Augen und wusste, dass er es ernst meinte. Er würde mir nicht noch einmal eine Chance geben, sondern Bruder Tod würde kommen.

Ich überlegte eine Weile. Schließlich fragte ich den Indianer: »Was mache ich falsch? Alle anderen Pfeile trafen genau die Mitte, warum dieser hier nicht?«

»Schließ deine Augen und versuche in dein Herz zu gehen. Dort sind die Antworten auf all deine Fragen. Dort ist alles und nichts. Dein Problem ist, dass du nicht vertraust. Du denkst zu viel nach. Lass deine Gedanken wie kleine Wolken vorbeiziehen, bis du vollkommen frei von ihnen bist. Geh tiefer und tiefer in dein Herz, dort ist die Wahrheit …«

Seine Stimme wurde leiser, bis ich sie nicht mehr hörte. Ich war in tiefe Trance gefallen. Ein Mysterium offenbarte sich mir. Ich war alles und auch nichts. In einem Moment der Ewigkeit wusste ich um das Große Geheimnis. Ich wurde mir völlig bewusst, mir war klar, wo ich mich befand und wie ich diese Prüfung bestehen konnte. Ich trug ein Urvertrauen in meinem Herzen und war eins mit dem Bogen, dem Pfeil und der Zielscheibe. Nichts trennte mich. Ich schoss und traf ins Schwarze.

Der Schnur

Vertrauen, das war das Stichwort für mich. Ich hatte in meiner Lage ganz vergessen, dass ich Hilfe bekommen konnte. Ich musste nur in mein Inneres sehen.

Einige Tage nach dieser *lebenswichtigen* Lektion ging ich zu Mama Fatuma und erzählte ihr meine Erlebnisse. Wir saßen wie so oft vor ihrem Haus im Schatten auf zwei klapprigen Stühlen.

Ich hatte diese kleine, stämmige Frau wirklich liebgewonnen. Sie trug niemals Schuhwerk und ihre Fußsohlen waren überzogen mit einer dicken Hornschicht. So oft wies sie mich darauf hin, dass ich Schuhe anziehen sollte, da meine Füße bei Weitem nicht so einen natürlichen Schutz besaßen wie die ihren.

Sie saß nun mit ihrer natürlichen Autorität, die sie ausstrahlte, vor mir, die Beine überkreuz und ihre Hände ruhten in ihrem Schoß. Freundlich sah sie mich an und ihre Augen strahlten die Seele Afrikas wider.

Baba Saidi war bei einer Versammlung des Ältestenrates und die Kinder spielten verstreut auf dem Gelände. Ich brachte Mama Fatuma und mir Wasser, das wir durstig in der sengenden Hitze tranken.

»*Kangaga*, schön, dass du wieder hier bist. Wie geht es dir und dem Baby?«

»Es geht mir gut, abgesehen davon, dass ich andauernd frische Früchte essen möchte und ich mich an den Nachmittagen etwas erschöpft fühle.«

»Dein Erlebnis mit dem Hüter der heiligen Pfeile, das du mir erzählt hast, war sehr stark. Da du am Anfang den schwarzen Panther getroffen hast, werden wir das nächste Mal im Busch Ausschau halten nach einer kleinen Wildkatze, damit du ihr Fell während deiner Arbeit tragen kannst, um ihre Macht und ihren Schutz zu erhalten. Wie geht es Katana? Er war schon lange nicht mehr hier!«

»Katana versucht gerade sein Grundstück in Kilifi zu verkaufen, damit wir mehr Geld zum Leben haben. Im Moment zahle ich alles und er will etwas dazu beitragen. Aber seit dem Erlebnis, als er von diesem Dämon besessen war, ist unsere Beziehung zum Zerreißen gespannt.«

»Weißt du, *Kangaga*, dein Haus liegt nicht gerade günstig. Es gibt dort viele Schwarzmagier, die ihr sogenanntes Geschäft betreiben. Das ist kein gutes Umfeld für dich, verhalte dich ruhig.«

Ich nickte ihr zu. Hier bei meiner Lehrerin fühlte ich mich sicher. Da ihr Haus fast eingehüllt vom Busch und von Bananenbäumen war, sahen wir nur selten jemanden vorbeigehen und somit saßen wir den ganzen Nachmittag einfach nur da, redeten wenig und arbeiteten an verschiedenen Perlenstickereien für die Gegenstände, die jeder Medizinmann und jede Medizinfrau für ihre Arbeit verwendete.

Am Nachmittag aber kam eine Patientin. Sie war etwas über vierzig Jahre alt und als sie mich sah, war sie überrascht. Mama Fatuma erklärte ihr, dass ich ihre Schülerin sei, worauf die Patientin noch größere Augen bekam.

Ich konnte mir ein kleines Grinsen nicht verkneifen. Ohnehin war ich aus der Norm gefallen und allmählich akzeptierte ich das. Wenn schon, dann sollten sie mich akzeptierten, wie ich war, oder sie konnten es vergessen. Ich war eben keine gewöhnliche afrikanische Schülerin.

Mama Fatuma nahm mich beiseite und erklärte mir in kurzen Worten, warum diese Patientin hier sei.

»Sie war einmal eine gute Medizinfrau, aber sie brach ihren Schwur, nur für das Gute zu arbeiten, und wechselte auf die andere Seite. Jetzt bereut sie diesen Schritt und will sich entschuldigen. Bereite alles mit Dada Mairi für die Zeremonie vor.«

Schnell ging ich mit Schwester Mairi um das Haus. Alle wichtigen Pflanzen wuchsen dort. Mama Fatuma hatte einmal erzählt, dass wenn eine Medizinperson ein Haus baue, sich bald die Vegetation verändern würde und alle notwendigen Pflanzen vor ihrer Tür wüchsen.

Dada Mairi und ich kannten die Pflanzen, die für eine solche Zeremonie notwendig waren. Schnell hatten wir sie eingesammelt. Dann richteten wir den Zeremonialplatz vor. Wir kehrten alles auf, dann zeichneten wir mit Maismehl und heiligem Medizinpuder magische Symbole auf den Boden. Sie waren für die Reinigung von Geist-Spirit und Körper des Patienten gedacht. Immerhin hatte diese Frau mit dunklen Mächten zu tun gehabt, ihr Geist war nun beschmutzt und ihr Körper von den Dämonen ausgelaugt.

Als wir mit den Zeichen fertig waren, nahmen wir einen großen Tontopf, bemalten diesen auch mit heiligen Symbolen und sangen unsere Kraftlieder. Wir umrandeten den Topf mit einem roten, weißen und violetten Tuch.

Die Farbe Rot steht für das reinigende Feuer, aber auch für Schutz. Die Medizinleute tragen, wenn sie einen Patienten behandeln, meist einen roten Stoff um ihre Lenden, damit sie symbolisch vor der Krankheit des Patienten geschützt sind. Weiß steht für den Tod, aber auch für die Spiritkraft und die Kraft der Reinigung. Und das violette Tuch symbolisiert Heilung.

Wir stellten den Tontopf vor der auf dem Boden gemalten Maismehlzeichnung nieder. Die Pflanzen gaben wir in einen Eimer voll Wasser. Nun war alles vorbereitet. Ich schlang mir noch schnell meine Schutzketten um den Oberkörper und fing zwei Hühner ein, wovon eines am Ende der Zeremonie geopfert werden sollte.

Die Patientin musste sechsmal durch das heilige Symbol auf der Erde gehen, damit ihr Geist gereinigt wurde. Jedes Mal, wenn sie das Zeichen beschritt, streifte ich ihren Körper mit einem der beiden Hühner ab, die all das Schlechte aus ihrem

Körper herauszogen und in sich aufnahmen. Das Huhn reinigte den kranken Körper. Außerdem besprenkelte ich sie mit dem Wasser, welches die heiligen Pflanzen enthielt.

Anschließend musste sich die Frau auf den heiligen Topf setzen. Dada Mairi und ich gruben vor ihr ein kleines Loch in die Erde. Auch das Loch wurde mit Maismehl gesegnet, vier Linien, die für die Himmelsrichtungen standen, wurden darin eingezeichnet.

Die Frau musste ihren Schwur in dieses Loch hineinsprechen und somit erneuern. Das zweite Huhn wurde geopfert, um damit die Geister zu besänftigen. Sein Blut ließen wir in das Loch hineinfließen und spritzten es auch auf die Füße der Patientin, damit eine Verbindung entstand.

Als Zeichen, dass es die Frau ernst mit ihrem Schwur gemeint hatte, testeten wir nun ihre Ehrlichkeit. Wir mengten Wasser in die kleine Grube. Wenn das Wasser in dem Loch nicht versickerte, dann wurde der Schwur von den guten Geistern aufgenommen.

Sogar nach einigen Minuten war der Wasserpegel im Loch nicht gesunken und wir nahmen die Frau wieder in den Kreis der Medizinfrauen auf. Wir konnten ihr ansehen, dass sie erleichtert war, und in ihren Augen konnte ich erkennen, dass sie es ernst gemeint hatte. Ich betete kurz zu den Spirits und zu *Mungu*, damit sie diese Frau wieder auf den heiligen Medizinweg führten.

Denn trotz ihres Schwures hatte diese Frau noch einen langen Weg vor sich. Sie musste für ihre Taten büßen und viel dazulernen. Im Stillen sprach ich einen Segen.

Auch ich hatte so einen Schwur eines Tages mit Katana leisten müssen und ich wusste, dass wenn ich diesen Schwur brechen würde, ich todkrank oder sogar sterben könnte. Ich würde all meine Fähigkeiten verlieren, meine Medizingegenstände und vor allem meinen größten Schatz: mein spirituelles Kind *Kabunda*.

Ich hatte mich somit verpflichtet, nur für die guten Kräfte zu arbeiten, und das auf immer und ewig. Mir würde auch nichts anderes einfallen. Es fiel mir schwer, diese dunklen Zauberer zu verstehen und warum sie diese Wege beschritten. Sie hatten Macht, aber diese kam nicht aus dem Herzen. Mama Fatuma hingegen war eine einfache Frau. Sie hatte wahrlich ein schwieriges Leben, da sie fast alleine dafür zuständig war, die Familie zu ernähren. Ihr Ehemann half ihr zwar bei der Arbeit, doch wie so viele Männer in Afrika verlor er einen großen Teil seiner Kraft durch zu viel Alkohol.

Auch meine Lehrerin wusste um die dunklen Wege Bescheid, doch sie beschritt denjenigen der Ahnen und hatte ein reines Herz. Wir redeten nicht sehr viel miteinander, doch ich beobachtete sie und lernte eine Menge von ihr.

Sie hatte mir einmal erzählt, dass wenn ein *Mganga* heilen konnte, er auch töten konnte. Ich war ziemlich schockiert über diese Aussage, doch ich überlegte eine Weile und gab ihr recht.

Eine Pflanze kann Heilung bringen, doch zu viel von ihr, kann dem Patienten schaden. Der *Mganga* hat dadurch eine sehr große Verantwortung und muss im Einklang mit den Spirits und *Mungu* arbeiten.

Auch die Zauberer können einfache Menschen sein, doch mit der Zeit erkannte ich sie anhand ihre Augen. Sie strahlten keine Unschuld und Reinheit aus, sondern waren oft verbissen und trugen Eifersucht in sich. Mein Herz fing an, wie wild zu schlagen, und mein Krafttier, der Bär, erschien mir und warnte mich.

Doch auch etwas anderes sah ich in den Augen der Schwarzmagier. Es war Trauer. Durch ihr Handeln verletzten sie so viele Anteile in sich, dass es mich jedes Mal wunderte, dass sie überhaupt noch leben konnten. Oft wurden sie selbst verletzt oder sahen mit an, wie ein guter Freund Leid ertragen musste. Sie fanden dies unfair und sannen nach Rache.

Mir wurde an diesem Tag in Afrika bewusst, dass alle Menschen in ihrem Leben viele Male vor Weggabelungen und Entscheidungen stehen und dass sie es sind, die bestimmen können, welchen Weg sie in Zukunft beschreiten werden.

Wichtig ist, sich seiner selbst gewählten Konsequenz bewusstzuwerden und die Verantwortung dafür zu übernehmen. Deshalb machen wir die Erfahrung – um bewusst zu werden! Denn ohne Erfahrung können wir dessen Konsequenz nicht wissen.

Der magische Angriff

Ich saß in einem kleinen Restaurant in Mombasa und aß genussvoll mein Reisgericht. Ein zarter Wind des Indischen Ozeans strich mir sanft über das gebräunte Gesicht. Es war das reinste Vergnügen, einmal aus dem Stammesalltag auszubrechen und einfach nur durch die vielen Gassen der Old Town von Mombasa zu flanieren. Die Altstadt übte einen faszinierenden Zauber auf mich aus.

Am Rande der Hauptstraße befand sich ein großer Markt, wo Händler begierig darauf waren, ihre Ware zu verkaufen. Somalische Flüchtlinge unterhielten einen Schwarzmarkt und verkauften Taschen, Lebensmittel und Kosmetika. Die traditionellen Frauen von der Nord- und Südküste boten Getreide, Obst und Gemüse an. Die Inder und Araber hatten eigene Geschäfte um den Marktplatz aufgebaut, in denen sie exotische Düfte und Gewürze verkauften.

Ich war nach Mombasa gefahren, um mein Visum für weitere drei Monate zu verlängern. Meine Mutter hatte mich vor zwei Wochen besucht und wollte mich überreden, zurück nach Europa zu kommen, doch ich entschied mich, weiterhin in Afrika zu bleiben. Auch wenn das Leben hier schwer war, gefiel es mir. Ich hatte Zugang zu einem alten Wissen und das war mir die Opfer, die ich ertragen musste, immer noch wert.

Wenn ich mich dafür entschieden hätte, in Wien zu bleiben, hätte ich bei Weitem ein einfacheres Leben vor mir gehabt, doch hätte ich dann keine Lehrerin gehabt, die mir jeden Tag aufs Neue zeigte, dass das Wissen in einem Selbst liegt und nur darauf wartet, geboren und gelebt zu werden.

Abgesehen davon machte sich ein neues Leben in mir breit. Und ich freute mich auf mein Kind. Zärtlich strich ich über meinen Bauch. Ich hatte meine Visumsangelegenheiten erledigt, gönnte mir ein – unter meinen jetzigen Umständen – teures Mittagessen, spazierte durch die Straßen und nahm den Nachmittagsbus zurück in mein Dorf.

Der abwechslungsreiche Ausflug in die Stadt hatte mir neue Kräfte verliehen. Am nächsten wollte ich wieder schwimmen gehen. Ein- bis zweimal im Monat ging ich zu den großen Hotels und aalte mich in der Sonne wie ein einfacher Tourist.

Ich brauchte diese Pause, in der ich über das Erlebte in Ruhe nachdenken konnte. In den Hotels fiel ich nicht besonders auf. Die meisten glaubten, ich wäre eine von den vielen Touristen. Ich verhielt mich auch dementsprechend, um den Gratiskaffee, der am Nachmittag von den Hotels angeboten wurde, genüsslich zu schlürfen. Gratiskuchen gab es auch dazu. Nur selten erkannte mich ein Arbeiter dort und kam dann auf mich zu, um zu fragen, ob ich die Schülerin von Mama Fatuma sei. Ich grinste dann und sagte, ich besuche eine Freundin aus Europa.

In dem Dorf, wo ich lebte, musste ich sehr aufpassen, was ich in meinen freien Stunden so trieb. Schnell konnte man verurteilt werden, denn die Gerüchteküche auf dem Land funktionierte hier einwandfrei.

Als ich schließlich zu Hause eintraf, war Katana gerade damit beschäftigt, das Abendessen vorzubereiten. Es gab gekochten Maisgries und Fisch. Sein Bruder und einige Freunde saßen vor dem Haus.

»Hallo, Katana, hast du einen schönen Tag gehabt?«

»Hallo, Shani, ja, wo warst du?«

»Ich war in der Stadt. Ich musste ja mein Visum verlängern.«

»Ist jemand mit dir mitgegangen oder warst du alleine?« Genervt von der Fragerei, ging ich ins Schlafzimmer. »Shani, ich habe dich etwas gefragt!«

»Was ist los mit dir? Bist du vielleicht eifersüchtig? Du weißt doch, dass ich alleine in die Stadt gefahren bin. Außerdem kenne ich doch sowieso niemanden außer deinem Bruder und deinen Freunden, und eben Mama Fatuma und ihre Familie. Also niemanden, den du nicht auch kennst.«

»Okay, Shani, verzeih mir, komm, wir essen jetzt.«

Ich fühlte mich enttäuscht. Meine gute Laune war dahin. Ich spürte, dass Katana mir nicht traute, doch er hatte keinen Grund dafür. Es war nicht das erste Mal, dass ich seine Eifersucht zu spüren bekam.

Nach dem Essen verabschiedeten sich die Freunde von Katana und gingen nach Hause. Ich spülte die Teller und Gläser ab. Noch bevor es dunkel wurde, nahm ich eine kalte Dusche. Ich war erschöpft von meinem Ausflug nach Mombasa und ging schon früh zu Bett. Doch etwas hinderte mich daran, einzuschlafen. Es war nicht die Tageshitze, die mich wachhielt, im Gegenteil, in der Nacht kühlte es immer angenehm ab. Dieses Mal schloss ich meine Augen und sah von Weitem eine goldene Maske auf mich zukommen. Im ersten Augenblick dachte ich daran, dass mir die Spirits vielleicht eine Botschaft senden wollten. Also ging ich der Sache nach.

Die Maske kam immer näher. Sie sah aus wie eine alte Mayamaske, doch ich erkannte, dass seltsame Symbole in sie hineingeritzt waren. Ich nahm sie in meine Hände, doch plötzlich verwandelte sie sich in eine fürchterliche, dämonische Fratze.

Erschrocken öffnete ich meine Augen. Ich atmete tief ein. Vielleicht waren das nur irgendwelche Hirngespinste? Immerhin war ich sehr müde. Doch als ich meine Augen erneut schloss, erschien das gleiche Bild. Sogar als ich sie wieder öffnete, konnte ich sie sehen. Die Maske war direkt vor mir und verwandelte sich in ein höhnisches Gesicht. Ich vernahm lautes Lachen.

Erst jetzt erkannte ich das Gesicht. Es war der Bruder von Mama Fatuma. Er hatte lange, gefährliche braune Zähne und lachte mich aus. Neben ihn standen kleine Kinder, deren Köpfe sich drehten.

Erschrocken sprang ich aus meinem Bett, lief in das zweite Zimmer, fiel hin und blieb auf dem Boden liegen. Ich glaubte den Verstand zu verlieren. Völlig panisch versuchte ich Katana zu rufen, der immer noch draußen war, doch meine Stimme versagte mir. Meine Angst wurde immer größer, als ich bemerkte, dass ich nur noch schwer Luft holen konnte. Alles drehte sich. Ich sah, wie die eingeritzten Symbole sich von der Maske lösten und nun direkt vor meinen Augen schwebten.

Katana hatte offensichtlich bemerkt, dass im Haus etwas nicht stimmte. Er kam zu mir gerannt, doch ich hörte nicht mehr, welche Fragen er mir stellte.

Verzweifelt kämpfte ich dagegen an, meinen Verstand zu verlieren. Ich hatte keine Kraft mehr. In Sekundengeschwindigkeit blickte ich in meine Vergangenheit, um irgendeine Sache zu finden, die mich in diesem Augenblick beschützen könnte. Ich erinnerte mich, wie meine Tante immer zu mir kam und mir sagte: *Man kann dir alles wegnehmen, aber was in deinem Herzen ist, nicht.* Auch das Erlebnis mit dem Träger der heiligen Pfeile fiel mir wieder ein. Vertrauen und Glaube an das Gute, an die Liebe, an die Stärke in mir waren die einzigen Faktoren, die mir nun helfen konnten.

Also fing ich an zu beten. »Ich glaube an das Göttliche, ich glaube an die gute Kraft!« Wie ein Mantra sprach ich mein Gebet.

Kantana nahm mich in seine Arme und hob mich auf. Ich erinnerte mich kaum an den Weg zu Mama Fatuma. Doch irgendwann kamen wir bei ihr an und sie gab mir etwas zu trinken.

Benommen schlief ich ein und erwachte erst am nächsten Tag.

»*Kangaga*, geht es dir gut?« Mama Fatuma stand neben mir.

In ihrem sonst so fröhlichen Gesicht sah ich zum ersten Mal Sorgenfalten auf ihrer hohen Stirn. Sie hatte mich in der vorigen Nacht auf ihre Schlafstelle gelegt. Langsam erwachte ich und hatte fürchterliche Kopfschmerzen.

»Was ist passiert?« Doch kaum hatte ich gefragt, erinnerte ich mich an die grässlichen Stunden in der Nacht. Ich fing an zu weinen.

»*Pole Mama, pole Mama*. Es tut mir leid, *Kangaga*. Es wird alles wieder gut. Du hast es überlebt, aber letzte Nacht wollte dich mein Bruder verrückt machen, deinen Geist verwirren. Er hätte es beinahe geschafft, denn er benutzte sehr mächtige Schlüssel für Tore, die in keine guten Welten für normale Menschen führen. Was dich gerettet hat, war dein Glaube und weil du zu den guten Kräften gebetet hast. Der Ältestenrat wird sich nun meinen Bruder vornehmen. Zu vielen hat er geschadet. Du brauchst dir wegen ihm keine Sorgen mehr zu machen.«

»Geht es meinem spirituellen Kind *Kabunda* und meinem Baby im Bauch gut?«

»Ja, alles in Ordnung. Aber du musst einige Tage bei mir bleiben. Ich werde dir einen neuen Schutz geben. Außerdem muss Katana euer Haus reinigen, bevor du wieder zurückgehst.«

Erschöpft nickte ich und schlief wieder ein.

Verbannung des Zauberers

Der Zauberer hatte letzte Nacht die Schülerin von Mama Fatuma geträumt. Eine Traumtechnik, um jemanden im Traum zu besuchen oder ihn zu lehren. Doch hatte er sie nicht in eine lehrreiche Traumwelt gebracht, sondern sie in die Abgründe der geistlosen Menschen stürzen wollen.

Sein Plan war misslungen. Er konnte den Geist von Shani nicht brechen, zu stark war ihr Glaube gewesen, zu stark ihre Seele und der Schutz ihrer höchsten Spirits. Er ahnte zwar, wo sie sich nun aufhielt, doch er wagte es nicht, bei seiner Schwester zu erscheinen. Es wäre zu riskant für ihn. Außerdem musste er sich nun gut verstecken, da der Ältestenrat vielleicht zu ihm kommen würde.

Eine Frau verkündete am Nachmittag, dass die Ältesten schon auf dem Weg zu ihm seien.

Schnell griff er zu den paar Habseligkeiten, die er besaß, und floh in den Busch. Er kämpfte gegen die aufkommende Wut an, denn er brauchte einen klaren Verstand, um den nächsten Schritt abschätzen zu können. Vorerst würde er im Busch Schutz finden, doch nicht lange. Vielleicht sollte er zu seinen Verwandten nach Norden fahren. Sie hatten keine Ahnung, was für eine Schuld auf ihm lastete, und er konnte dort ein ungestörtes Leben führen, bis sich niemand mehr an die Angelegenheit erinnern würde.

»Ja, das wäre eine gute Möglichkeit«, dachte er laut nach. Mit ihm waren seine Geistwesen, die er im Laufe der Jahre gestohlen und erkauft hatte. Auch sie waren wütend, doch die Wut galt dem Zauberer. Er hatte ihnen versprochen gut zu zahlen, wenn sie ihre Arbeit erledigt hatten. Doch nun war kein Opfer bereit und ihr Schützling war auf der Flucht und widmete seine Energie nicht ihnen.

Der Zauberer wusste, dass er eine Zeit lang sehr krank werden konnte, wenn er seine Geister nicht besänftigte. Er musste schnell handeln. Sein Körper wurde schwächer, je tiefer er in den Busch lief. Er kam bis an die Grenzen seiner Reserven. Kurz hielt er an und berührte mit seinen Händen die Erde. Neue Energie floss in seine alten Glieder und gab ihm erneut Kraft und Ausdauer.

Fürs Erste hatte Shani den Kampf gewonnen, doch er wusste, dass sie nicht unbeschadet davongekommen war. Dieser Umstand befriedigte ihn. Er hatte nicht ganz versagt.

Ein starker Lichtstrahl schien durch die dichten Bäume, doch der Zauberer hütete sich davor, näher in das Helle zu treten. Er wollte im verborgenen Dunkel bleiben. Das kannte er. Darin fühlte er sich wohl und sicher.

Stundenlang durchstreifte er den Busch. Es war schon dunkel geworden und die Tiere der Nacht verließen geräuschlos ihre Verstecke. Der Zauberer fiel erschöpft zu Boden. Kurze Zeit verharrte er hier reglos auf dem Rücken liegend. Dann errichtete er sein Nachtlager, bestehend aus einem Tuch, das er über sich schlug und in der Eile mitgenommen hatte.

Doch in der Nacht fand er keine Ruhe. Die Geister bedrängten ihn und schickten ihm Albträume, aus denen er schweißgebadet erwachte, um erneut in einen unruhigen Schlaf zu fallen.

»Was machen wir mit diesem Mann?«, fragte ein Ältester die versammelte Runde. Der Ältestenrat war nach dem Verschwinden des Zauberers am Abend zusammengetreten, damit sich die weisesten Männer und Frauen beratschlagen konnten.

»Er hat schon einige von uns angegriffen, aber viele von uns verschweigen dies. Nun wurde eine *Mzungu* sein neues Opfer. Obwohl sie Europäerin ist, ist sie trotzdem die Schülerin einer sehr angesehenen Medizinfrau. Wir können nicht einfach wegsehen und so tun, als ob nichts geschehen wäre«, sagte ein alter Mann. Die versammelte Menge nickte ihm zu und bestätigte im Chor seinen Vorschlag. »Es gab in der Vergangenheit schon viele Schwarzmagier, die ihr Unwesen getrieben haben. Einige wurden verbrannt, die anderen verschwanden und tauchten nie mehr wieder auf«, sprach der alte Mann weiter.

Eine Greisin, deren Gesicht im Schein des Feuers grimmig dreinsah, meldete sich zu Wort. »Erinnert ihr euch noch an den Schwarzmagier in Kilifi, der jeden Sonntag einen reichen Mann mit seiner Magie tötete, nur, weil er eifersüchtig war, da er selbst so wenig besaß?«

Die Menge nickte. Wieder ging ein gleichzeitiges Murmeln durch die Menge.

»Was passierte mit ihm?«, sprach die alte Frau weiter. »Ich sage es euch: Gar nichts! Er ist jetzt ein reicher Mann und alle fürchten ihn. Und wisst ihr, warum? Weil niemand den Mut hatte, einzugreifen und diesem Unhold das Handwerk zu legen. Aber nicht wir sollten über die Zauberer Urteil sprechen, sondern unsere Ahnen. Lassen wir die Ahnen entscheiden, wie wir weiterhin vorgehen sollen.«

Wieder rief die Runde ihre Zustimmung laut aus.

Eine Medizinfrau wurde für diese Aufgabe ausgewählt. Die anderen griffen zu ihren Rasseln und fielen in einen monotonen Gesang. Schon nach kurzer Zeit befand sich die Medizinfrau in tiefer Trance. Ein männlicher Spirit hatte von ihr Besitz ergriffen.

»Ich sehe, dass ihr eine Versammlung abhaltet. Seid gegrüßt!«, sprach der Spirit. »Ich habe euch zugehört und möchte euch helfen. Wir, die Ahnen, haben beschlossen, dass ihr den Zauberer nicht länger an den Ältestenversammlungen teilhaben lassen dürft. Auch darf er bei bestimmten Zeremonien nicht erscheinen. Brecht die Zeremonie ab, falls er auftaucht und nicht gehen möchte. Wenn er einer Medizinperson bei der Arbeit helfen möchte, verneint seine Bitte oder lasst ihn im Glauben, dass er hilft, verwischt aber seine Spuren.

Er wird nun sehr krank werden. Schwerer Durchfall wird ihn plagen und für längere Zeit wird er auch nicht im Dorf erscheinen. Er möchte nach Norden ziehen. Mit der Zeit wird er wieder vor die Entscheidung gestellt, ob er für das Gute oder das Böse arbeiten möchte. Aber zuerst muss er seinen Pakt mit den dunklen Mächten lösen.

Dieser Zauberer hat noch einen langen Weg vor sich. Zu oft ist er an der Weggabelung falsch abgebogen und er wird auf unsere Art für seine Taten büßen. Wenn er aber wieder in eure Runde aufgenommen werden möchte und er die verschiedenen Prüfungen von uns bestanden hat, dann lasst ihm seinen Platz an eurer Seite und vergebt ihm. Ich verlasse euch wieder, aber hört auf meine Worte!«

Die Stimme versagte der Medizinfrau und sie flog bewusstlos von ihrem Stuhl auf den Boden. Schnell kümmerten sich die Frauen um sie, spritzten ihr Wasser ins Gesicht und ließen sie an bestimmten Pflanzen riechen.

»Ihr habt den Ahnen gehört. Wir werden seine Worte befolgen. Lasst uns nun nach Hause gehen!«, sprach die alte Frau.

Ihr grimmiger Gesichtsausdruck verschwand für kurze Zeit, ihre Haut glättete sich und sie wirkte wie ein junges Mädchen. Doch der Moment währte nur kurz. Augenzwinkernd verließ sie die Versammlung.

Kabunda erzählt

Einige Tage nach diesem Angriff des Zauberers ging es mir geistig schon etwas besser. Doch die Erlebnisse waren so intensiv gewesen, dass es mir schwerfiel, alles zu verarbeiten. Ich fühlte mich kraftlos und war nervlich am Ende.

Obwohl Mama Fatuma mir einen neuen Schutz verabreichte, war ich matt und müde und lag in meinem Haus den ganzen Tag im Bett. Ich hatte leichtes Fieber und Bauchkrämpfe schüttelten meinen Körper.

Ich dachte an eine Dusche und zog meine Sachen aus, doch plötzlich erblickte ich Blut in meiner Unterwäsche. Erschrocken und besorgt rief ich meinen Partner. »Katana, ich blute sehr stark! Außerdem habe ich fürchterliche Krämpfe! Bitte bring mich zu Mama Fatuma!«

Mama Fatuma untersuchte meinen Unterleib. Er war hart und schmerzte. »*Kangaga*, es tut mir leid, aber du hast dein Kind verloren. Ich werde dir eine Medizin geben, damit der Embryo und alle Teile der Plazenta ausgeschieden werden. Dann bekommst du eine andere Medizin, damit du keine Infektion bekommst und der Blutverlust nicht zu stark wird.«

Tränen standen mir in den Augen. Ich registrierte ihre Worte kaum, sondern weinte um mein Kind und um mich, um eine traurige und trostlose Mutter.

Ich war verzweifelt und schrie in Gedanken gen Himmel. *Ihr Spirits, warum testet ihr mich so hart? Ich kann fast nicht mehr!*

Mama Fatuma stützte mich und legte mich auf ihr Bett. Jeder andere musste den Raum verlassen. Ich machte meinen Unterleib frei. Dann goss sie etwas Öl auf meinen Bauch und berührte ihn sanft. Jeder ihrer Handgriffe war geschickt und sorgfältig. Mich überraschte es, dass sie so gut massieren konnte. Ich selbst war ausgebildete Heilmasseurin, doch hier war mehr als nur bloße Berührung am Werk.

Sofort spürte ich, wie sich wohlige Wärme in meinem Körper ausbreitete. Die Krämpfe ließen nach und ich fühlte mich nicht mehr so alleine. Geborgen und beschützt ließ ich meine Lehrerin gewähren, denn sie machte ihre Arbeit gut.

Nach einigen Minuten waren meine Krämpfe vollkommen verschwunden.

Ich trank die von Mama Fatuma zubereitete Medizin und schonte mich. Wenn Patienten kamen, durfte ich zwar zusehen, aber nicht mitwirken. Ich dachte viel nach während dieser Zeit und Mama Fatuma versuchte so gut wie möglich mich von meiner Depression zu befreien. Denn eine Trauer umfing mein Herz, dass ich keine Lust am Leben mehr hatte. Ich wusste nicht, was ich tun sollte, und hatte Angst, was die Zukunft mir bringen würde.

»*Kangaga*, so geht es nicht weiter«, sagte Mama Fatuma nach einiger Zeit. Sie klang streng. »Denk nicht immer nur an dich. Du hast dein Kind *Kabunda* vernachlässigt. Du musst sie umsorgen, sonst wird sie auch noch sterben.«

Als sie mein verdutztes und gekränktes Gesicht sah, fing sie an, sanft zu lachen, und nahm mich kurz in die Arme. Das war das erste Mal. Ich spürte ihre Wärme und wie gern sie mich hatte. Glücklich, dass ich hier einen so lieben Menschen treffen konnte, beschloss ich an diesem Tag mich zusammenzureißen und mich wieder dem Leben zu widmen.

Ich betete zum Großen Geist und dankte ihm für diese neue Erfahrung und bat die Kräfte, mir zu helfen, mir die Lektion hinter jeder Situation in meinem Leben zu zeigen und bewusst zu machen. Außerdem verabschiedete ich mich von der alten Seele meines Kindes. Große Tränen der Trauer kullerten mein Gesicht hinunter. Ich hatte mich so gefreut auf mein Kind, aber anscheinend war es dafür noch nicht der richtige Zeitpunkt gewesen. Das anzunehmen fiel mir sehr schwer.

Mama Fatuma hatte recht. Ich war bereits Mutter eines Kindes. Mein spirituelles Kind *Kabunda* brauchte meine Aufmerksamkeit. Auch wenn es ein Wissen enthielt, das hundert weise Frauen auf einmal weitergeben konnten, war es trotzdem ein Baby, das die Fürsorge seiner Mutter brauchte. Mit fast schon kindlichem Stolz richtete ich mich auf, biss die Zähne zusammen und versuchte nun nach diesem schweren Schlag mein Leben zu meistern.

So fing ich an, mit meinem Baby *Kabunda* intensiver zu arbeiten. Zu wenig noch wusste ich von diesem spirituellen Geschenk. Und Mama Fatuma hatte mir nichts über die Kraft von *Kabunda* erzählt. Jede Medizinfrau im Stamm bekam so ein Kind, doch jede musste selbst herausfinden, was für Lektionen ihr Baby bereithielt.

Eine Nachts legte ich mich ganz nah zu *Kabunda*, berührte und streichelte ihren Leib und die vielen bunten Perlen, die an ihr hingen, als es zu mir sprach: »Shani? Shani? Hörst du mich denn nicht?«

Verwundert blickte ich mich um, denn ich war alleine. Da war doch diese sanfte weibliche Stimme gewesen.

Ich sah Kabunda an. »Bist du es, die mit mir spricht?«

»Wer denn sonst? Hier ist doch keiner außer uns beiden.«

Sprachlos blickte ich mein Baby an. Ich merkte, dass es sich bewegte. Es schien zu atmen.

»Du bist ja richtig lebendig!«, sagte ich nach einer Weile.

Ich hatte meine Stimme wiedergefunden und eine Sekunde später kam mir meine Aussage ziemlich dumm vor.

»Natürlich, ich bin doch deine Tochter. Aber in mir steckt noch viel mehr. Willst du darüber wissen?«, fragte sie in ihrer lieblichen und wohlklingenden Stimme.

»Ja, bitte, lehre mich.«

»Mach dir keine Sorgen wegen deinem Kind, das du verloren hast. Es wird auf den richtigen Moment warten. Du darfst dich aber nicht in deiner Sehnsucht nach ihm verlieren. Bleib deiner Kraft treu.«

Ehrfürchtig nickte ich.

»Nun werde ich dir eine schöne Geschichte erzählen. Es ist eine wahre Geschichte, höre gut zu, denn du kannst viel lernen. Gehen wir zurück in den Mittelpunkt der heiligen Spirale. Von dort kommt alles und geht auch wieder zurück.

Am Anfang war die Weiblichkeit noch im Einklang mit den Welten, bevor sie von den Menschen, von Frauen wie auch von Männern missbraucht wurde. Ich entstand vor Tausenden von Jahren. Ein Kreis von Frauen gebar mich. Es waren einfache Frauen, die aber um ihre Weiblichkeit, die Balance zwischen dem Männlichen und dem Weiblichen wussten.

Dieser Kreis von Frauen hatte eine spirituelle Führerin, ihre Erdmutter. Denn die Erde war die Mutter von vielen Geschöpfen, auch der Menschen, und die Menschen folgten noch dem Gesetz, dass alles aus dem Weiblichen geboren wurde. Sie lebten im Einklang mit Mutter Erde und waren nackt. Nicht nur im physischen, sondern auch im spirituellen Sinne. Denn diese Frauen und Männer waren offen für die Gaben der Erde. Sie nahmen nicht mehr von ihr, als sie brauchten, und lebten in Unschuld und Vertrauen.

Die Frauen bedankten sich bei der Mutter durch Zeremonien, die auch heute noch existieren. Eines ihrer Geschenke an Mutter Erde war ihr Regelblut. Sie setzten sich auf die Erde und bluteten in sie hinein. Es war ein einfacher, aber heiliger Akt. Das Regelblut war nicht schmutzig, sondern voller Energie und Emotionen und diente dem Energie- und Wissensaustausch zwischen der Frau und der Natur.

Doch die Zeiten änderten sich. Die Frauen missbrauchten ihre Kraft und Macht. Sie glaubten besser und stärker zu sein als die Männer. Durch diesen Hochmut wurden die Männer zornig und fingen an, sich zu rächen. Damit begann die Herrschaft der Männer. Sie verboten die Kreise der Frauen, unterdrückten sie und zwangen ihnen ihren Willen auf.

Einigen Frauen jedoch, denen bewusst war, was sich abspielte, führten den Kreis im Geheimen fort. Sie trafen sich im Busch und an alten Tempelplätzen und feierten dort ihre Zeremonien.

Eines Tages jedoch kam eine junge Frau in den Kreis. Sie hatte ihre Blutung hinter sich, eine Zeit der Reinigung und des spirituellen Wachstums. Die Frauen bekamen die Macht, sich während der Regelblutung spirituell zu erweitern, da die Ahnen ihnen zu dieser besonderen Zeit im Monat starke Träume und Visionen schenken konnten.

Diese junge Frau bekam auch einen Traum geschenkt. Sie träumte von einem Kind, aber nicht von einem physischen Kind. Dieses Kind sollte die ursprüngliche Weiblichkeit in sich vereinen und symbolisieren. Das weibliche Kind war gleichzeitig Tochter, Mutter, Schwester und Großmutter.

Die anderen Frauen standen vor einem Rätsel, als sie ihren Traum zu Ende erzählt hatte. Sie verstanden ihn nicht und lachten sie aus. Sie sagten ihr, dass ein Spirit sich einen Scherz mit ihr erlaubt hätte. Doch die junge Frau gab nicht auf.

Immer wieder hatte sie diesen seltsamen Traum von diesem weiblichen Kind. Jede Nacht kam es zu ihr. Zuerst erschien es einfach nur im Traum und sie konnte es betrachten. Doch dann begann das Kind zu sprechen. Es erzählte von Welten, von der Urweiblichkeit, dem Mittelpunkt der Spirale, den vielen Aspekten der Weiblichkeit und was eine Frau noch erfahren könne, wenn sie ein solches Kind besäße.

Wieder erzählte die Frau den anderen Frauen, was sie geträumt hatte, doch sie machten sich immer noch lustig über sie und nahmen sie nicht ernst. Diese Frauen waren nicht mehr in ihrer Mitte und hatten keine Ahnung mehr von dem alten Wissen. Dieses Wissen hatte es schon gegeben, bevor die Menschen auf die Erde kamen. Die Frauen aber besaßen nicht mehr den Kontakt mit ihrer Weiblichkeit wie einst. Sie ignorierten das Wissen, denn sie wollten nichts an ihrem jetzigen friedlichen Leben ändern.

Alles sei doch im Einklang und diese junge Frau wolle nur Unruhe im Kreis stiften, dachten sie.

Lange Zeit ging das so weiter. Die junge Frau berichtete immerzu von ihren Träumen, doch die anderen ignorierten diese. Es ging so weit, dass die Frauen im Kreis beschlossen, die junge Frau nicht mehr zu beachten und eines Tages verbannten sie sie sogar von ihren Zusammenkünften. Und nicht nur das: Die junge Frau wurde sogar vom Stamm vertrieben, da alle davon überzeugt waren, dass sie nicht mehr bei Sinnen wäre und sie die Harmonie in der Gemeinschaft stören würde.

Vollkommen auf sich gestellt, zog die junge Frau in den Busch, an einen Platz, wo sie ungestört leben konnte. Sie war sehr traurig, aber auch verwirrt, weil sie nicht verstand, wie alles so weit hatte kommen können. Sie wusste, dass sie keinen Unsinn erzählt hatte …

Warum glaubt mir denn keiner?

Diese Frage stellte sie sich jeden Tag. Sie wollte von diesem Traum und dem Kind nichts mehr hören, denn sie waren ja der Grund für ihre missliche Lage. In jeder Nacht aber erschien der jungen Frau dieses Kind im Traum. Es erzählte ihr von der Urweiblichkeit und dass sie aufgefordert sei, diese auch zu finden. Die junge Frau fand Trost in diesen weisen Worten und mit neuem Willen und unverbrauchter Stärke machte sie sich auf den Weg, die Urweiblichkeit zu finden.

Nach den Beschreibungen des Kindes im Traum holte sie aus dem Busch die Pflanzen, die speziell für Frauen gedacht waren. Sie tat sie in einen kürbisähnlichen Behälter und verzierte diesen mit Symbolen der Macht, das waren Steine und Knochen von weiblichen Wildkatzen.

Das *Kind* wurde ihre Lehrerin und stand ihr mit Rat und Weisheit auf dem beschwerlichen Weg zurück in die Spirale bei. Viele Jahre lernte sie von ihrem Kind. Viele Jahre vergingen. Viele Träume träumte sie, bis sie eines Nachts den Traum hatte, zurückzukehren. Der Kreis der Frauen ihres Stammes brauchte sie.

Am übernächsten Tag machte sie sich auf den Weg. Sie zweifelte ein wenig an ihrem Vorhaben und an den Worten ihres Kindes, welches ihr mitteilte, dass die Frauen nun bereit waren, auch ihr Kind zu gebären.

Doch als sie die anderen Frauen erblickte, wusste sie, dass sie das Richtige tat, denn die Frauen kamen auf sie zugelaufen. Sie waren voller Demut und Dankbarkeit, dass sie ihre alte Schwester wiederhatten. Dass sie einen großen Fehler begangen hatten war ihnen längst bewusstgeworden.

Die Frau mit dem Kind lehrte und weihte ihre Schwestern in das heilige Frauenwissen ein, in genau jene Urweiblichkeit, die sie seit ihrem Ausschluss unterdrückt und nicht beachtet hatten. Und mit der Zeit gebaren die Frauen auch ihr Kind.

Währenddessen gab es auf jedem Kontinent einen Kreis der Frauen, der mich gebar. Jedes Mal nahm ich andere Formen an und lehrte andere Zeremonien. Doch all diese Zeremonien und Rituale, auch wenn sie noch so verschieden waren, führten diese Frauen zu ihrem weiblichen Ursprung zurück. Diese Geschichte beschrieb den Kreis der Frauen in Afrika.«

Kabunda hatte mich so in ihren Bann gezogen, dass ich noch meinen Gedanken nachhing, als sie schon geendet hatte. Irgendwie tat mir die junge Frau leid, denn sie musste so viel Schmerz über sich ergehen lassen.

»Aber sie ist ihrer Wahrheit gefolgt, ihrem Traum«, entgegnete mir *Kabunda*. »Sie muss dir nicht leidtun. Sie hatte es sich so ausgesucht und entschieden.« Anscheinend hatte sie meine Gedanken lesen können.

»Sag mir, Shani, was du aus dieser Geschichte lernen konntest.«

Ich überlegte eine Weile und ging die Geschichte von Anfang an durch. »Weißt du, in unserer westlichen Kultur geben die Frauen immer den Männern die Schuld, dass sie keine Macht haben. Aber das stimmt nicht. Es waren die Frauen selbst, die zum Teil ihre Macht missbrauchten oder sie einfach hergegeben haben.«

»Du hast recht. Die Frauen vergaßen in der Geschichte ihren Ursprung und hatten keine Einsicht mehr, was in ihnen alles so steckt und wie sie damit umzugehen haben. Die Frauen von heute glauben, sie seien starke Frauen, doch benutzen sie hauptsächlich ihre männliche Seite dafür, um in dieser Welt zu überleben. Dafür zahlen sie aber einen hohen Preis, denn sie sind unausgeglichen. Harmonie ist erst vorhanden, wenn Weiblich und Männlich sich nicht mehr zanken, nicht mehr recht haben wollen, sondern sich akzeptieren und in Balance und Bewegung miteinander leben. Sie müssen miteinander tanzen.

Es gibt kein besseres oder schlechteres Geschlecht. Die Frauen lehren Männer, wie sie mit der weiblichen intuitiven Seite umgehen können. Da die Frauen das Geheimnis des Gebärens in sich tragen, können sie dem anderen Geschlecht zeigen, wie man lebt, wie man das Leben bewahrt und beschützt.

Die Männer hingegen stellen die aktive Seite dar. Sie können den Frauen beibringen das Leben zu manifestieren. Ihre Träume zu materialisieren. Aber nun verrate ich dir schon zu viel, gehen wir zurück zur Geschichte.«

»Ja«, sagte ich und fuhr fort. »Also ich finde, die junge Frau war sehr mutig. Sie gab nicht auf, obwohl so viele Menschen gegen sie waren. Der heilige Traum ließ von ihr nicht ab und führte sie von der Unwissenheit in die Welt der Weisen. Ein bisschen erinnert sie mich an mich selbst. Denn sie war auch jung, als die Spirits zu ihr kamen, und ich musste auch gegen so viele Gegner ankämpfen.

Ich kann sagen, dass die Geschichte mir Mut macht, weiterhin ausdauernd zu sein, denn dieses Wissen darf nicht verloren gehen. Was würde sonst passieren?

Aber was ich nicht ganz verstanden habe: Wie kann ein Kind gleichzeitig Tochter, Mutter, Schwester und Großmutter sein?«

»Ich werde dir diese Frage beantworten. Aber zuerst werde ich dir erzählen, was passiert, wenn dieses Wissen den Frauen verloren geht. Falls die Frauen, egal, wo sie leben, sei es hier in Afrika oder auf anderen Kontinenten, dieses Wissen verleumden, nicht an diese Kraft glauben, dann ist dies der Untergang des Lebens, und zwar auf ALLEN Ebenen.

Zuerst werden sie nur mehr ihre männliche Seite gebrauchen und die weibliche wird verkümmern, was zur Folge hat, dass kein neues Leben mehr entstehen kann.

Sie werden es nicht gleich merken, doch die Konsequenzen dieses Verhaltens sind verheerend. Es führt dazu, dass die Frauen krank werden, sowohl geistig als auch körperlich. Suizid und verschiedene unheilbare Krankheiten, die den Körper befallen, werden auftauchen. Tiefe Sehnsüchte in ihnen geraten außer Kontrolle und die Frauen fühlen sich nicht ganz, verschließen sich aber der Kraft und klammern sich an irgendwelche belanglosen Dinge in ihrem Leben. Sie werden sich wundern, warum sie sich so ausgelaugt und so schlecht fühlen, doch falls sie darauf kommen, dass es an ihrer nicht gelebten Weiblichkeit liegt, ist es meist schon zu spät. Sie werden sterben.

Das Sterben wird sich überall ausbreiten. Alle Wesen sind damit einbezogen, auch die Männer. Auch deine Brüder und Schwestern, die Tiere, die Pflanzen, die Steine und die Flüsse, ja, deine dich liebende Mutter, die Erde, wird leiden und langsam sterben. Epidemien unter den Menschen, starke Winde und Regenfälle, extreme Dürren, die Verseuchung der Meere – all das werden die Konsequenzen sein und sie betreffen jedes einzelne Lebewesen auf diesem Planeten. Alles ist miteinader verbunden.

Mutter Erde macht sich große Sorgen wegen dieser Entwicklung. Denn sie fühlt und weiß, dass, wenn die Frauen diese Verantwortung für ihre Weiblichkeit nicht übernehmen, es auch ihren Tod bedeutet. Sie denkt nicht so ihretwillen, sondern wegen ihrer Kinder, die auf ihr leben. Und wenn sie stirbt, dann kann kein Leben auf ihr existieren.«

Ich sann über *Kabundas* ernste Worte nach. Das Wissen um die Sorgen von Mutter Erde machten mein Herz schwer. Auch ich war so oft nicht in Balance. Vieles wusste ich noch nicht. Ich wollte nicht, dass sich alles in diese Richtung bewegte. Erst jetzt verstand ich, wie sich die junge Frau aus *Kabundas* Erzählung fühlte. *Kabunda* gewährte mir noch einige Minuten, darüber nachzudenken, bevor sie weitersprach.

»Ich beantworte dir nun deine andere Frage. Die weibliche Energie ist ein Ganzes. Sie gehört dem großen Ganzen an. Doch um diese Energie den Menschen verständlich zu machen, zeigt sie sich euch in verschiedenen Formen. Jeder Aspekt ist auch in dir, du kannst sowohl Tochter, Schwester, Mutter als auch Großmutter sein. Das äußere Universum gleicht auch immer dem inneren Universum.

Wichtig ist, dass du erfährst, dass ich, *Kabunda*, nun zurückkehre nach Europa. Die Frauen dort müssen und werden sich wieder an ihre Weiblichkeit erinnern. Die Frauen werden sich aufs Neue zusammenfinden und starke Frauenkreise bilden. Ich werde euch lehren und auffordern, den Ursprung eurer Weiblichkeit zu finden. Ich bin da, war immer da und werde immer da sein.

Auch ihr kanntet einmal die großen Zeremonien, die euch zu eurer Weiblichkeit führten. Auch ihr hattet bestimmte Symbole, die euch Türen zu eurer Weiblichkeit aufschlossen. Erst wenn ihr wirklich nach eurer Weiblichkeit sucht, mit tiefer Demut und Dankbarkeit, erst dann werdet ihr sie finden.

Die Spirale ist der Weg ins Zentrum, von dem alles kommt und in das alles wieder zurückkehrt. Das Zentrum dieser Spirale ist weiblich. Farben mit einer Leuchtkraft, die so rein sind wie ein frischer, fließender Bach, umranden diese Spirale, die golden wie die heilige Sonne strahlt.

Diese Spirale befindet sich in eurem Körper und gleichzeitig auch außerhalb eures Körpers. Sie dreht sich und hört nie auf sich zu drehen. Wenn du sie von außen betrachtest, dann dreht sie sich im Uhrzeigersinn, von innen jedoch gegen den Uhrzeigersinn.

Somit kann jede Energie eintreten und austreten, und das immer in einem gleichmäßigen Rhythmus.

Der Rhythmus gleicht dem Pulsieren eures Herzschlages. Egal, in welchem Land du bist, es gibt immer einen Ort, wo sich eine solche Spirale befindet. Es ist ein Ort großer Kraft, wo sich die Urkräfte wiedervereinigen oder auch ausgesandt werden. Ein Ort, von dem wir kommen und an den wir wieder zurückkehren. Der Ursprung dieser Spirale ist weiblich. Alles kommt aus dem Weiblichen.

Ich möchte dir erzählen, wie es dazukam, dass das Weibliche unterdrückt oder missbraucht wurde. Einige Religionen bestehen darauf, dass der Mann zuerst da war. Erst durch Adams Rippe wurde eine Frau geformt, Eva. Sie verführte ihn, damit er den Apfel, die verbotene Frucht vom Baum der Erkenntnis, aß. Die Schlange war Verführer und Zeuge. Es war Evas Schuld, dass Adam und sie aus dem Paradies verbannt wurden.

Diese Worte wurden in vielen Teilen der Welt gesprochen, gepredigt und niedergeschrieben. Worte besitzen sehr viel Macht. Sie können heilsam oder auch verletzend sein. Die Geschichte von Adam und Eva schadete und schwächte die Frauen, denn sie erzählt nicht von der Schönheit, Anmut und Lebenskraft der Weiblichkeit. Und sie berichtet auch nicht von der Kraft der Schlange – der lebensbringenden sexuellen Energie.

Viele Frauen wurden so erzogen. Ihnen wurde ihr Frausein verboten. Ihre Hingabefähigkeit und Befriedigung sowie ihr eigenes Körpergefühl wurden unterdrückt. Berühre dich nicht an deinen *Scham*-Lippen oder an deiner Klitoris! Bleib eine Jungfrau vor deiner Ehe! Sexuelles Empfinden ist tabu oder wird als *scham*los bezeichnet! Selbstbefriedigung ist schlecht! Die Frau ist unrein, wenn sie ihre Blutung hat, und so weiter, und so weiter. Ich könnte dir Unmengen an *Weisheiten* von diesen Religionen, von der Gesellschaft und ihren Regelmachern auflisten. Aber dafür bin ich nicht da. Ich bin da, um die Frauen liebevoll von diesen gesellschaftlichen, kulturellen Regeln und Programmierungen zu lösen, um ihnen unter anderem die eigene Wahrhaftigkeit, die Liebe zu sich selbst, den Tanz zwischen der männlichen und weiblichen Energie und die transformierende, sexuelle Lebenskraft in Erinnerung zu rufen. Wichtig ist zu wissen, dass all das nicht verloren gehen darf, sonst herrscht weiterhin Krieg zwischen den Menschen und Kampf in ihnen selbst.

Gib das Wissen, das ich dich lehre, der westlichen Kultur weiter. Auch wenn nur wenige lauschen und verstehen sollten, sind wir alle Kinder ein und derselben Mutter und dieses Wissen trägt ein Stück zur Heilung unserer Mutter Erde bei.

So wie die junge Frau in der Geschichte nicht aufgegeben hat, darfst auch du nicht aufgeben. Sieh in dein Inneres und folge deiner Wahrheit, egal, was einige Menschen dazu sagen werden. Vieles steht dir noch bevor. Also sei wachsam und folge den Zeichen und deinem Herzen.«

»Ich danke dir, *Kabunda*. Ich bin froh, dass du mit mir bist und ich die Ehre habe, deine Mutter und Hüterin zu sein, so wie du meine. Denn du nährst mich mit deinem Wissen.«

Noch viele Stunden dachte ich über *Kabundas* Worte nach und über ihren Auftrag, den sie mir gab. Eine schwere Bürde lastete auf mir, doch ich wollte mir ein Beispiel an dieser jungen Frau in *Kabundas* wunderbarer Erzählung nehmen, die weit mehr als eine gewöhnliche Geschichte war. Sie war Wirklichkeit.

Der Medizinmann

»Acht Jahre war ich alt, als ich entführt wurde. Die Spirits schlichen sich an mich heran und verbargen mich drei Monate lang in einem Tempel, der von Schlangen gehütet wurde.

Die Schlangen lehrten mich ihr Wissen, doch während dieser Zeit durfte ich weder essen noch trinken. Sie zeigten mir all die heiligen Pflanzen und Zeremonien, die ich brauchte, um ein Mganga zu werden. Meine Eltern glaubten mich schon verloren, doch dann erschien ich so unverhofft, wie ich verschwunden war. Ich erzählte meinen Eltern, was vorgefallen war, und sie schickten mich zu einem mächtigen Medizinmann, der mich als sein Schüler aufnahm.

Seitdem arbeite ich als Mganga und lebe das Wissen, das mir von den heiligen Schlangen einst gegeben wurde.«
(Initiationsgeschichte eines Medizinmannes aus Mombasa)

Ich wusste jetzt, wie es war, ein Kind zu verlieren. *Kabunda* und Mama Fatuma halfen mir über diese schwierige Zeit hinwegzukommen. Katana versuchte es auf seine Art, aber wir wussten beide, dass wir ernste Beziehungsprobleme hatten.

Er wurde immer eifersüchtiger in unserer Beziehung und ich fühlte mich eingeengt und kontrolliert. Ich war erst neunzehn Jahre alt und nicht reif genug, um solche Schwierigkeiten in der Partnerschaft zu lösen. Ich machte die gleichen Fehler wie Katana, spielte das gleiche Schmerzspiel wie er. Wir stritten uns schon wegen der kleinsten Kleinigkeiten und meine Wut und Enttäuschung über ihn steigerten sich.

Mama Fatuma und ich verbrachten viel Zeit miteinander. So oft gab sie mir ihre warme, mütterliche Liebe – auf ihre Art. Sie nahm mich nicht in ihre Arme oder redete auch nicht stundenlang mit mir. Nein, sie war einfach nur da und akzeptierte mich.

Mama Fatuma war eine der wenigen im Dorf, die mich überhaupt völlig in ihrem Haus, ihrem Reich, willkommen hieß. Vielleicht lag es auch einfach nur an den sprachlichen Barrieren, die mich den Menschen hier im Dorf nicht näherbrachten.

Die Menschen im Dorf konnten nicht leugnen, dass ich mich in vielerlei Hinsicht wie eine der Ihren verhielt. Doch trotzdem war ich irgendwie anders. Zwar fühlte ich mich wie ein Mensch, wurde aber von ihnen wie ein Außerirdischer behandelt. Mit der Zeit kannten mich sehr viele Menschen innerhalb als auch außerhalb des Dorfes.

Egal, wo ich hinging, tuschelte man hinter meinem Rücken: »Ist sie nicht eine *Mganga*? Sie trägt manchmal die traditionelle Kleidung eines *Mganga*! Ich habe sie schon einmal bei einer Zeremonie gesehen!«

Mama Fatuma sagte immer: »*Kangaga*, dein Stern leuchtet hell am Himmel, deswegen kommen jetzt so viele Patienten zu uns. Es ist wegen dir!«

Ich lächelte dann und zwinkerte ihr zu. »Na, wenn das so ist, dann werde ich heute Reis besorgen und dazu gute *Mahamri*!«

Mama Fatuma liebte Reis, doch er war teuer und nur zu sehr seltenen Anlässen aßen wir ihn. *Mahamri* war eine typisch kenianische Spezialität, eine frittierte Hefetasche mit Kokosmilch und Kardamon.

Ich machte Mama Fatuma gerne Geschenke. Wenn ich bei ihr schlief, dann zahlte ich immer das Essen oder brachte ihr einen neuen *Kanga* mit, denn ihre alten Tücher hatten meist große Löcher.

Jedes Mal, wenn ich in der Früh bei ihr aufwachte und schnell eine kalte Dusche hinter dem Haus nahm, überwachte sie mit strengem Blick, wie die Kinder den Hof kehrten. Dieser wundervollen und starken Frau schenkte ich all meinen Respekt. In Wien war ich oft ein vorlautes Kind gewesen. Doch hier in Afrika, bei Mama Fatuma, wäre es inakzeptabel, wenn man seinen älteren Mitmenschen keinen Respekt zollte.

Oft schämte ich mich sogar, wenn ich vor ihr mit Katana stritt. Sie verhielt sich dann ganz ruhig und sah uns zu, wie Katana und ich uns die Augen mit Worten ausrissen. Sie verstand zwar kein Englisch – Katana und ich sprachen hauptsächlich Englisch –, doch bei unseren hektischen Gebärden war es nicht schwer, zu erkennen, dass wir uns stritten.

Eines Nachmittags sprach ich sie wieder einmal auf mein Beziehungsproblem an. »Ich halte es wirklich nicht mehr aus. Katana und ich streiten uns täglich. Ich will mich von ihm trennen, denn ich sehe keinen anderen Ausweg mehr.«

»Weißt du, *Kangaga*, du vergisst dabei deine Tochter *Kabunda*. Katana ist ihr Vater und du musst erst mit ihr sprechen und dich beraten lassen, bevor du riskierst, dass deine Tochter Schaden nimmt. Sie könnte dadurch sehr viel an Macht verlieren, wenn du dich von Katana trennst.«

»Aber ich kann doch nicht mit Katana wegen des „Kindes" zusammenbleiben? Das würde letzten Endes uns allen schaden.«

Ich war verzweifelt und ratlos. Mama Fatuma ging aus einem bestimmten Grund nicht auf meine Fragen ein. Sie gab mir das Gefühl, dass ich alleine entscheiden musste. Ich sollte und musste selbstständig handeln.

Vage und voller Zweifel blickte ich in die Zukunft. *Was wird sie uns, Katana und mir, bringen? Werde ich mein Kind Kabunda halten können oder sie verlieren wie mein erstes Kind?*

Ich kniff meine Augen fest zu, so als ob ich mich selbst überlisten könnte – nur, um nichts zu sehen. Doch es half nichts.

Ich ging voller Sorgen zurück in mein kleines gemietetes Haus, um mich meinem Selbstmitleid, meiner Trauer, Wut und Einsamkeit zu überlassen.

Als ich das Haus erreichte, wirkte es kalt und unfreundlich auf mich und ich beschloss zum nahe liegenden Strand zu gehen.

Ich zog meine Schuhe aus und lief über einen kleinen verborgenen Pfad direkt zur Bucht. Der feine weiße Sand blieb an meinen Füßen hängen. Im Laufe der Monate hatte sich eine feste und schützende Hornhaut an meinen Fußsohlen gebildet, da ich fast nur mehr barfuß ging. Ich spürte kaum noch die kleinen verborgenen Dornen und Stacheln in der kenianischen Erde.

Kleine traditionelle Häuser standen am Wegesrand. Hier und da ein prachtvolles Haus, das den Europäern gehörte, die ihre eigenen afrikanischen Hauswächter hatten, um das Grundstück zu sichern. Ich grüßte sie im Vorbeigehen.

Eine kleine Gruppe Frauen balancierten geschickt schwere Wasserkanister auf ihren Köpfen. Als sie an mir vorbeikamen, begrüßte ich sie auf traditionelle Art, sie taten es mir gleich. Ich ging weiter, mein Ziel, der menschenleere Strand am Meer, war nicht mehr fern.

Jetzt wurden die Häuser weniger, die noch fast unberührte Natur dafür mehr. Kleine Affen guckten von den Bäumen auf mich herab. Kurz blieb ich stehen und sah direkt in den dunklen Busch hinein, der so voller Leben war, voller Geräusche und Lebendigkeit. Es schien so, als ob ich mein eigenes Leben verloren hätte, als wäre ich noch am Leben, aber keine Lebendigkeit mehr zu spüren. Voller Sehnsucht blickte ich die vielen Bäume, Sträucher, Vögel und wilden Tiere an, als könnten *sie* mir meine Lebendigkeit zurückgeben.

Die Sehnsucht wurde so unerträglich, dass ich unvermittelt meinen Weg fortsetzte und die letzten fünfzig Meter zum Strand lief, bis mir meine Lungen brannten.

»Ich lebe anscheinend doch noch, sonst könnte ich ja meinen Schmerz in meiner Brust nicht spüren.«, redete ich mir selbst ein. Doch tief im Inneren wusste ich, dass etwas fehlte. Kurz kam mir der Traum während meiner Initiationszeit wieder in den Sinn, wo mich ein Wesen gefangen genommen hatte. Doch schnell schüttelte ich die grauenvollen Bilder wieder ab.

Endlich hatte ich meinen kleinen Strand erreicht. Die Ungeduld verebbte und Zufriedenheit machte sich in mir breit. Ich setzte mich auf den weichen Sand, sog gierig die feuchte, salzige Meeresluft ein und beobachtete die immer näher kommenden Wellen. Die Fischer waren zu ihren Familien zurückgekehrt und ich war nun völlig alleine. Hier draußen konnte ich die Einsamkeit genießen. War ich es denn – einsam? Denn alleine war ich schon mal nicht.

Denn egal, wohin ich gehen würde, ich wäre nie alleine. Wenn mich auch an manchen Tagen das Gefühl der völligen Einsamkeit überfiel, wusste ich doch, dass dahinter eigentlich eine von mir gesteuerte Isolierung vor anderen Lebewesen steckte. Nicht die Ahnen, Geister, Menschen und Tiere entfernten sich von mir, sondern ich mich von ihnen, wenn ich mich meinem Selbstmitleid hingab.

Diese neue Erkenntnis flog durch meinen Geist, flüsterte mir zu, stupste mich sanft und lud mich ein, alles loszulassen und mich dem Leben mit seinen Geschenken und Hürden voll und ganz zu öffnen.

Ich fing an, über mich selbst zu lachen, sprang dann übermütig auf und lief ein paar Schritte durch das Wasser, spritzte es von mir weg und ließ mich dann wieder auf den Sand fallen.

Ein Außenstehender, der diese Szene beobachtete hätte, wäre der Ansicht gewesen, eine völlig übergeschnappte und mit sich selbst redende Frau vor sich zu haben.

Doch der Wind, das Meer, die Hüter des Platzes und die Tiere wirkten nicht verwundert, sondern nickten zufrieden und wissend, und sie lauschten meinem kleinen Dankesgesang.

Ich betete und hinterließ am Strand ein kleines Opfer in Form von Tabak, direkt neben dem heiligen Wasser. Leichtfüßig ging ich zurück, um die Verantwortung für mein Leben wieder zu übernehmen.

◇ ◇ ◇

Es vergingen einige Tage und ich einigte mich mit Katana darauf, dass er weiterhin im Haus leben konnte und wir gemeinsam arbeiteten, doch in getrennten Betten schliefen. Ich fragte *Kabunda*, was sie davon hielt, doch ich bekam keine Antwort, was mich aber nicht beunruhigte. Ich fühlte wieder neue Hoffnung in mir aufsteigen.

Katana kam beim Abendessen mit einem guten Vorschlag. Er habe von einem Medizinmann gehört, der uns vielleicht helfen könne.

Am nächsten Morgen standen wir beide früh auf und machten uns auf den Weg zu diesem mir noch Unbekannten. Wir erzählten Mama Fatuma nichts von unserem Vorhaben, denn wir wollten sie nicht beleidigen: dass wir Rat von einem anderen Lehrer suchten. Es war naiv von uns, zu glauben, sie würde es nicht durch ihre Träume erfahren.

Katana und ich kamen uns vor wie kleine Spione, die im Nachbarlager herumschnüffeln wollten. Seit Langem hatten wir es nicht mehr so lustig gehabt. Nach etwa zwei Stunden fanden wir den Medizinmann, der in einem kleinen Dorf seine Arbeit verrichtete.

Er lebte mit seiner Familie in einem großen Haus, das in viele kleine Einzelzimmer unterteilt war, die an Fremde vermietet wurden. In der Mitte des Gebäudekomplexes gab es einen kleinen Hof mit einer Holzbank darin.

Als Katana und ich dort ankamen, setzten wir uns darauf. Eine junge Frau bereitete gerade auf einem Feuer das Mittagessen vor. Sie starrte uns eine Weile aus großen braunen Augen an, dann konzentrierte sie sich wieder auf ihr gebratenes Hähnchen.

Katana und ich hatten beschlossen, dem Medizinmann nichts von unserer Initiation als *Waganga* zu erzählen. Wir wollten ihn prüfen, ob er eine gute Medizinperson war oder nicht.

Nur kurz mussten wir auf ihn warten. Eine Tür ging auf und einige Leute traten aus einem kleinen Zimmer heraus. Dicht hinter ihnen blieb ein Mann mittleren Alters im Türrahmen stehen und hieß uns mit einer Handbewegung hereinzutreten.

Sein Oberkörper war frei und nur ein schwarzes Tuch bedeckte seine Lenden. Er trug quer über seiner Brust verschiedene magische Amulette.

Wir begrüßten den Älteren respektvoll. Er zeigte auf zwei Stühle im Zimmer und wir setzten uns. Kurz sah ich mich um. Wir befanden uns anscheinend in seinem Schlafzimmer. Die Schlafecke wurde nur durch ein herunterhängendes Tuch verdeckt und von dem restlichen Zimmer getrennt. Ansonsten war das Zimmer leer. Durch ein kleines Fenster drang etwas Licht in den sonst dunklen Raum.

Der *Mganga* setzte sich auf einen Schemel und zündete ein Räucherstäbchen an. Ich fühlte mich wohl und geborgen. Was mich aber am meisten faszinierte war seine Ausstrahlung. Er war kaum älter als fünfundvierzig Jahre und seine ruhigen braunen Augen spiegelten Sanftmut und Weisheit wider.

Ich hatte selten auf diesem Kontinent erlebt, dass ein Afrikaner ein so reines Herz, eine so reine Seele besaß wie dieser Mann. Ich hatte sonst die Erfahrung gemacht, dass die Menschen in Afrika, wenn sie mich sahen, ein bestimmtes Funkeln in den Augen bekamen, welches mir Vorsicht riet.

Doch dieser Medizinmann hatte keine Vorurteile, wollte keine egoistische Macht erlangen und brauchte sich auch nicht zu beweisen. Er war ein Lehrer, der über die Welten Bescheid wusste, über Tod und Leben, der mit den Pflanzen sprach und sie kannte, der über die Magie …

»Also, was kann ich für euch tun?«, unterbrach der Medizinmann meine umherschweifenden Gedanken.

Auf der Stelle war ich wieder in dem kleinen dunklen Zimmer und starrte den Medizinmann an. Ich brachte keinen Ton heraus, und so ergriff Katana schnell das Wort.

Er erklärte kurz das Problem unserer Noch-Beziehung: dass wir uns nur mehr stritten und auch getrennte Betten hatten. Er erwähnte aber nicht, dass wir selbst als *Waganga* arbeiteten und massive Probleme mit den Angriffen von Schwarzmagiern hatten.

Der *Mganga* hörte ruhig zu, nickte dann, nahm ein kleines Buch in die Hände, blätterte darin herum und fand dann anscheinend die Stelle, die er suchte. Mit seiner linken Hand hielt er weiterhin das aufgeschlagene Buch und mit seiner rechten griff er nach einem kleinen Metallglöckchen und fing damit an, wie wild zu läuten.

Später erfuhr ich, dass der Medizinmann aus dem Koran gelesen hatte, doch obwohl Katana selbst Moslem war, war es für ihn neu, dass man die Suren auf so eine Art und Weise las. Das Glöckchen rief die Geister des Medizinmannes herbei.

Etwa fünf Minuten lang hörten wie nur leises Gemurmel und intensives Gebimmel.

Er endete abrupt, sah Katana und mich lange und nachdenklich an, blickte auf das Buch, dann wieder auf uns und meinte schließlich: »Irgendwas stimmt mit euch beiden nicht. Ihr seid nicht wie die anderen Patienten, die ich sonst habe. Macht ihr so eine Arbeit, die ich tue, kennt ihr Heilpflanzen und die Ahnen? Also, ihr macht doch etwas in dieser Art, oder? Aber natürlich, ihr seid auch *Waganga*!«

Katana und ich konnten uns nicht mehr halten und fingen an zu lachen. Ja, wir waren bei der richtigen Person gelandet. Der Medizinmann streckte seine großen rauen Hände nach uns aus und begrüßte uns nochmals auf die Art, wie sich traditionelle Medizinleute die Hand gaben. Ein kräftiges Schütteln wie bei einem normalen Händegruß, dann ein Verkeilen der Hände, um noch einmal zum normalen Händegruß zurückzukehren. Diese Bewegung wiederholt man mehrmals und grüßt dabei sein Gegenüber mit dem traditionellen Begrüßungsspruch. Je nach Tageszeit fällt diese Begrüßung anders aus.

Nun gut, dass wir als *Waganga* arbeiteten, wusste er bereits … nach fünf Minuten. Nach fünf weiteren jedoch erzählte uns der Medizinmann genau das, was wir befürchtet hatten: dass wir massive Probleme mit Katanas Familie und mit einigen Schwarzmagiern, die uns auseinanderbringen oder mich meiner Kraft berauben wollten, hatten.

Katana und ich nickten eifrig. Mit jedem neuen Satz schilderte der *Mganga* so detailliert unsere Probleme, dass wir ihn vor lauter Staunen nur fassungslos anstarrten.

»Da ist noch etwas. Die Wurzel eures Problems. *Kangaga*, du hattest einmal einen Traum. Es war kein guter Traum und er wurde dir geschickt. Erinnerst du dich daran? Ein Teil deiner Seele wurde da gefangen genommen.«

Mein Herz fing wie wild an zu schlagen. Dieser Mann kannte meinen Traum, in dem ich von einem Dämon festgehalten wurde. Nach so vielen Monaten hatte ich geglaubt, der Spuk wäre vorüber, doch ich wurde wieder mit der Realität konfrontiert.

Ich nickte, als ich sagte: »Ja, ich wurde damals in das Haus von einem Dämon gelockt. Ich wusste, dass etwas faul daran war, wusste aber nicht, wie ich mir helfen konnte.«

»So, so«, erwiderte er. »Als *Mganga* muss man viel lernen. Du hast dich früh entschieden diesen Weg zu gehen. Schon dein Vater war ein *Mganga*, das sagen mir die Geister. Du zweifelst daran, aber es ist so. Er hat dir die Kraft in die Wiege gelegt, doch deine Familie möchte nichts davon wissen. Deine Mutter sieht es nicht gerne, dass du hier in Afrika lebst. Sie hat Angst und weiß nicht, was du hier machst. Stimmt das?«

»Ja, das stimmt!«, antwortete ich ihm.

»Zurück zu deinem Traum. Ich kann dir helfen, deinen Seelenpart zurückzuholen. Und dir, Katana, sage ich, dass *Kangaga* keine Schuld an euren Streitigkeiten hat. Ihr habt so viele Probleme miteinander, da ihr von vielen schwarzmagischen Energien umgeben seid. Da würde jeder streiten. Also, sei ihr nicht böse. Diese Energien bringen eure inneren dunklen Seiten zum Vorschein, aber nicht auf natürliche Weise. Sie manipulieren und beeinflussen euch.

Es werden euch Energien geschickt, die direkt eure dunklen Seiten anzapfen, eure Ängste und Sorgen. Der Nährboden für diese dunklen und an euch geschickten Energien seid ihr selbst, denn ihr tragt in euch, wie jeder Mensch, eine helle, aber auch eine dunkle Seite, und das nützen die Schwarzmagier aus. Sie erkennen eure Schwächen und ziehen an euren Energiefäden. Dadurch entsteht die Krankheit des Geistes und des Körpers. In deinem Fall, *Kangaga*, selbst der Seele.

Ihr seid noch junge und unerfahrene *Waganga*. In die Finsternis muss Licht kommen, so kann die Angst in Vertrauen, Wut in Liebe und Schmerz in Weisheit umgewandelt werden. So entsteht Heilung, nämlich wenn der innere Frieden im Herzen wiederhergestellt ist.

Ich werde euch einen Schutz mitgeben, der diese schlechten Energien abfangen wird. Kommt nächste Woche wieder und bringt ein weißes Tuch, ein weißes Huhn und einen schwarzen Hahn mit.«

Mit diesen Worten beendete der *Mganga* die Sitzung. Eine stämmige Frau betrat das Zimmer, wahrscheinlich seine Ehefrau, und brachte das gut riechende Mittagessen herein. Wir verabschiedeten uns nur mit Worten, ohne uns die Hände zu geben, da wir uns ja wiedersähen und wir nun seine Patienten seien, erklärte er uns.

Eine Woche später gingen Katana und ich wieder zu dem *Mganga*. Wir hatten alles besorgt, was er uns aufgetragen hatte. Als wir in sein Haus eintraten, kam uns ein kleiner Junge entgegen und nahm uns die Hühner ab. Die Ehefrau und ihre Töchter begrüßten uns freundlich und hießen uns willkommen.

Wieder gingen wir in das kleine dunkle Zimmer des Medizinmannes. Es roch angenehm nach Weihrauch. Links neben der Tür stand ein Altar, davor saß der *Mganga* auf seinem Schemel. Er hatte außer seinem weißen Lendentuch nichts an und sein Oberkörper war voll mit Amuletten und Schutzbündeln, die quer über seiner Brust hingen.

Katana und ich begrüßten ihn respektvoll und legten ihm mehrere Geldscheine vor die Füße auf den Boden. Unser materieller Beitrag für die Heilungszeremonie.

Der Medizinmann nahm die Geldscheine.

»*Taireni taireni!*« Mit diesen Worten begann der Medizinmann die Zeremonie.

»*Zamulungu!*«, antworteten wir zurück.

Vor jeder Zeremonie werden heilige Worte gesprochen. Derjenige, der die Zeremonie führt, spricht immer den ersten Satz »*taireni taireni*«. Auch wenn jemand eine Zeremonie stört und in den heiligen Kreis eintreten möchte, spricht dieser »*taireni taireni*«. Die Anwesenden antworten daraufhin mit »zamulungu«.

Taireni taireni meint so viel wie: »Achtung, Achtung! Richtet eure Konzentration auf das Göttliche« und *zamulungu* bedeutet: »Wir preisen Gott!«

Anschließend stellt die leitende Medizinperson die Frage: »An wen glauben wir?«

Die Übrigen antworteten wie immer: »An Gott.«

Dann wieder der Medizinmann. »Wie waschen wir uns die Hände?«

Und die Übrigen: »Mit heiligem Wasser.«

»Das Leben?«

»Ist Energie und heilig.«

»Gibt es hier eine falsche Medizinperson mit unreinem Herzen?«

»Nein, gibt es nicht.«

Zuerst zündete der Medizinmann ein Räucherstäbchen an. Dann nahm er den Koran in die Hände und klingelte mit seinem Glöckchen.

Als die herbeigerufenen Ahnen hier waren, zeichnete der Heiler mit Maismehl magische Symbole auf den Boden. Es war ein sehr kompliziertes Muster, das ich noch nie zuvor gesehen hatte.

Er hatte vier Kreise in die vier Himmelsrichtungen gemalt. In den Kreisen lagen wiederum zunehmend kleiner werdende Kreise. Im Zentrum der vier Kreise waren horizontale Striche eng aneinandergereiht.

Ich hatte mich währenddessen umgezogen und trug nur ein violettes Tuch um meinen Körper. Der Medizinmann bedeutete mir näher zu treten.

Ich hockte mich ihm gegenüber. Zwischen unseren Füßen befand sich die heilige Maismehlzeichnung. Ein leichter Schweißfilm lag auf meiner Haut. Der Raum wurde immer stickiger und dicke Weihrauchschwaden hingen in der Luft. Leise Gebete murmelnd nahm der Medizinmann einen Teller vom Boden, der rechts neben ihm gelegen hatte. Der Teller war mit bunten Symbolen und Zeichnungen verziert.

»Diese Zeichnungen auf dem Teller stehen für den Ablauf der Geschichte. Er stellt deinen Traum dar, in dem du entführt worden bist. Du musst ihn reinwaschen, damit die Geschichte reingewaschen wird.«

Er reichte mir eine Wasserschale und ich besprenkelte den Teller mit Wasser. Die bunte Farbe und die vielen komplizierten Zeichnungen verronnen vor unseren Augen. Der Medizinmann half mir bei meiner Arbeit und wir wuschen gemeinsam den Teller rein, bis er in seinem ursprünglichen Weiß erstrahlte.

Wieder zündete er ein Räucherstäbchen an und wir fingen gemeinsam an zu beten. Ich betete für die Befreiung meines Seelenanteils, für Schutz und Gesundheit, für Heilung und Genesung und für eine gute Partnerschaft mit Katana. Auch die zwei Männer stimmten in ein inniges Gebet ein.

»Jetzt kommt der etwas schwierige Teil, *Kangaga*. Ich werde dir genau beschreiben, wie du dieses Symbol, das ich auf den Boden gemalt habe, zu beschreiten hast. Befolge genau meine Anweisungen. Dieses Symbol ist sehr mächtig und heilig und wird dir helfen, dich von diesem Dämon zu befreien. Außerdem wird es dich reinigen und schützen.«

Erst nach einigen Stunden, nachdem Gebete und Opfer dargebracht worden waren, mein Seelenanteil zurückgekommen war und ich ein besonderes Schutzbündel erhalten hatte, war die Zeremonie zu Ende.

Tatsächlich fühlten sich Katana und ich sehr wohl in den nächsten Monaten, stritten nicht und ich befand mich in bester Gesundheit.

Doch dieses Glück währte nicht lange. Katana und ich, uns würde es bald nicht mehr geben.

Meine Träume wurden klar und deutlich und ich konnte dadurch viel an Energie und Kraft zurückgewinnen.

Von da an besuchte ich einmal die Woche den Medizinmann, denn er erklärte sich bereit, mir einiges über die Wassermagie beizubringen.

Ich ging stets alleine zu ihm, denn ich vertraute ihm; schließlich war er ein guter Lehrer. Der Medizinmann und ich saßen stundenlang in seinem kleinen dunklen Zimmer und unterhielten uns, und das auch deshalb, weil wir oft mit Händen und Füßen kommunizierten. Vieles konnte ich einfach nicht auf Swaheli aussprechen.

»*Kangaga*, du solltest langsam lernen, Verantwortung zu übernehmen. Deine Lehrerin hatte dir viel über die Pflanzenmagie beigebracht, hat dir Zeremonien gezeigt, doch du solltest nun deine eigenen Zeremonien gestalten. Es gibt noch eine andere Art von Magie, die du lernen wirst.

Nehmen wir die Wassermagie. Du hast sehr starke Ahnen, die mit dem Meer verbunden sind, mit dem Wasser. Deswegen gehst du auch immer an den Strand, wenn es dir nicht gut geht.

Es sind genau diese Ahnen, die dir dann helfen. Du solltest mehr mit ihnen sprechen und zu ihnen beten, du kannst viel von ihnen lernen.«

Ich hörte dem Medizinmann andächtig zu und schwelgte in meinen Erinnerungen. Ich erinnerte mich daran, dass ich als Kind beinahe ertrunken war. Damals war ich kaum älter als sieben Jahre und verbrachte mit meiner Mutter den Urlaub am

Meer. Die Wellen hatten an jenem Tag eine beachtliche Höhe und ich stürzte mich voller Energie mit meiner Luftmatratze ins tiefe Wasser.

Die erste Welle schaffte ich noch, doch die zweite riss mich hinweg und drückte mich unter Wasser. Aber anstatt in Panik zu geraten, ließ ich mich auf den tiefen Meeresgrund sinken und legte mich einfach dort nieder. Überall war weicher Sand und Algen berührten sanft meinen Körper. Ich fühlte mich wohl und geborgen.

Plötzlich sprach eine weibliche Stimme laut zu mir: »Wenn du noch länger hier liegen bleibst, wirst du ertrinken und sterben.«

Ich wunderte mich kaum darüber, diese Stimme zu vernehmen, doch ich schenkte ihr wenig Beachtung.

Stattdessen blieb ich liegen und rührte mich nicht vom Fleck.

Eine weitere starke Welle zog über mir hinweg, deren Sog mich hinfortriss. Ich verlor kurz die Orientierung, dann landete ich auf kantigen Felsen, die mir kleine Schnitte ins Fleisch gruben. Ich ärgerte mich, denn ich hatte meinen weichen Platz auf dem Meeressand verloren.

Wieder ertönte die Stimme und sagte mir bestimmend, dass ich nun wirklich auftauchen solle, es würde ein Mann kommen und mich aus dem Wasser ziehen.

Tatsächlich fand mich ein Mann und zog mich aus dem Wasser. Kurz begutachtete er mich von oben bis unten. Ich sah wahrscheinlich ziemlich erbärmlich aus: frierend und zähneklappernd mit dunkelblauen Lippen. Meine Beine und Arme waren übersät mit kleinen blutigen Schnittwunden. Er sagte nicht viel, sondern schickte mich einfach zu meiner Mutter.

»Waren das damals die Wasserahnen, die unter Wasser zu mir sprachen?«, fragte ich den Medizinmann.

Er nickte wohlwissend, stand auf, verabschiedete sich lächelnd und gab mir zum Abschied die Hand.

Die Heilungszeremonie

»Ein Heiler kann auch töten. Wer die Heilkunst beherrscht beherrscht auch die Kunst des Tötens. Ein guter Heiler kennt die Medizinpflanzen, denn sie sind heilig und sie sind unsere Lehrer. Doch nur falsch dosiert, können sie für den menschlichen Körper Gift sein und so tödlich wirken.

Ein Schwarzmagier kennt die heiligen Pfade, doch er kennt auch die unheiligen Pfade, die Pfade der Machtgier, der Manipulation, der Herrschaft über andere.

Ein heiliger Krieger sollte alle Pfade kennen, auch wenn sie gefährlich sind und einen verführen können. Doch er sollte sie für sich selbst gebrauchen, Herrschaft über sein eigenes Leben erlangen und nicht über andere. Ein gefährlicher Weg voller Kämpfe, doch der Krieger wird dadurch geschult und erlangt dadurch Freiheit. Er ist und ist gleichzeitig nichts.

Zu paradox für unseren Verstand, doch verständlich für unser Herz und unseren Körper, denn sie sind wissend. Der Verstand ist nur ein kleines, unwissendes Kind.

Der Verstand kann uns verrückt machen. Wir sind verrückt, wenn wir nur mit unserem Verstand denken und handeln und unser Herz außen vor lassen.

So einfach ist das. Vieles ist so einfach, doch wir inszenieren, blockieren und wehren uns. Wir reiben uns an den Lektionen des Lebens.

Die Krieger sind rar geworden. Wahrhaftige Krieger, die Verantwortung für sich selbst und für ihre Taten übernehmen.

Der Krieger lebt und schafft den Raum fürs Leben, denn eines Tages steht er vor der Entscheidung, auf welche Seite er sich begeben soll.

Die eine Seite besteht darin, wieder ins Chaos zu verfallen, wie es am Anfang war. Die andere Seite, den Ahnen zu

folgen, Wahrhaftigkeit anzustreben und dafür so gut es geht zu kämpfen, egal, was passiert.
Viele sind so gestorben als Märtyrer, als Wahnsinnige. Warum also den Weg des Kriegers gehen?
Der Krieger hat stets die Wahlmöglichkeit. Ein Waschlappen nicht. Er folgt den anderen und das, was ihm von anderen aufgetragen wird.
Ein Krieger tut beides. Er lebt und macht Raum fürs Leben. Er ist ein Magier, ein Herrscher, schwach und stark zugleich. Er ist frei!«

Ich erwachte am frühen Morgen. Die Worte, die ein einäugiger alter Mann mit grauen langen Haaren zu mir im Traum gesprochen hatte, klangen mir noch in den Ohren nach. Ich konnte mich an jedes seiner Worte klar erinnern und fühlte mich wie eine Kriegerin, die ihre innere Wahrhaftigkeit lebte. In letzter Zeit wurde mich viel im Traum gelehrt und ich begann mich immer mehr der alten und doch zeitlosen Weisheiten zu entsinnen. Nichts war neu, es war nur eine Frage der Erinnerung an die alte Kraft und eine Frage deren Bewusstwerdung.

Kurz sah ich zu Kabunda, die neben mir lag. Katana war seit zwei Tagen nicht mehr zu Hause. Wir hatten uns gestritten, ein kurzer, stechender Schmerz durchbohrte meine Brust, als ich daran dachte.

Ich berührte meinen Bauch. Nach meiner ersten Fehlgeburt vor ein paar Monaten wuchs nun erneut ein Kind in mir heran. In unserer guten Phase hatten Katana und ich eine traditionelle Fruchtbarkeitszeremonie durchschritten und ich wurde prompt schwanger. Die Zeremonie hatten die weisen Frauen mit mir abgehalten.

Ich war in Trance versunken und die Großmütter waren gekommen und hatten meinen Unterleib gesegnet, so wie auch die anwesenden Medizinfrauen um mich herum. Kein Mann war zugelassen gewesen. Als ich nach Hause gekommen war, hatte Katana bereits auf mich gewartet und wir hatten uns geliebt.

Jetzt kam mir alles falsch vor. Es hatte alles so gut ausgesehen, nachdem wir bei dem Medizinmann gewesen waren, der mir meinen Seelenanteil zurückgebracht und mich die Wassermagie gelehrt hatte. Doch die Ruhe war nach ein paar Monaten vorüber gewesen. Katana und ich waren wieder in unserem alten Muster gefangen.

Ich stand vom Bett auf und ging in die Küche, um mir einen Tee zu kochen. Viel musste nicht erledigt werden. Mama Fatuma hatte mich gebeten, noch am Vormittag zu einer Heilzeremonie zu kommen. Also, beeilte ich mich, nahm eine kalte Dusche und wusch mir den Schweiß der Nacht von der Haut.

Nachdem ich meine Medizinsachen in den Rucksack gepackt hatte, machte ich mich auf den Weg. Doch als ich zu ihrem Haus kam, befand sich keiner mehr dort. Ich überlegte kurz, wo die Zeremonie stattfinden könnte – da kam Dada Mairi.

»Hallo, *Kangaga*, du bist zu spät! Wo ist Katana?«, sagte sie herrisch. »Er wird die Zeremonie verpassen und sie ist auch wichtig für ihn. Immerhin ist es keine normale Heilzeremonie. Eine Medizinfrau ist krank und alle Medizinleute aus der Umgebung treffen sich. Eine gute Gelegenheit für euch, viel zu lernen.«

»Hallo, Dada! Katana wird nicht kommen. Ich habe ihn seit Tagen nicht mehr gesehen.«

»Dann komm schnell, ich werde dir den Weg zeigen. Du warst noch nie dort, aber es ist nicht weit von hier.«

Dada Mairi schritt schnell voran. Wir gingen hinter das Haus, den kleinen Pfad entlang und an vielen traditionellen Lehmhäusern vorbei.

Schon von Weitem konnte ich die Rasseln und heiligen Gesänge hören. Als wir endlich ankamen, war die Zeremonie in vollem Gange. Zwei Frauen saßen verhüllt am Sandboden in der Mitte der Menschentraube. Etwa elf Musiker standen hinter ihnen, die Rasseln wild umherwirbelnd. Zehn Medizinmänner saßen auf kleinen Hockern an ihren Seiten und fünfzehn Medizinfrauen vor ihnen entlang einer lehmigen Hauswand. Sie alle waren umringt von Familie, Freunden und Kindern, die mitsangen.

Ich erblickte Mama Fatuma. Plötzlich unterbrachen die Musiker ihr Spiel. Keiner rasselte oder sang mehr. Alle starrten mich an. Es war totenstill, nicht einmal ein Kind weinte.

Na toll, genau das hat mir noch gefehlt.

Ich wollte mich eigentlich ganz verstohlen zu ihnen schleichen, doch jetzt ging die volle Aufmerksamkeit der Beteiligten an mich.

»*Taireni, Taireni*«, grüßte ich daher laut und klar.

»*Zamulungu*«, antworteten alle zurück.

Ich sprach die heiligen Worte und durfte in den geweihten Kreis eintreten. Mama Fatuma rettete mich und winkte mich herbei. Ich begrüßte sie ehrerbietig, wie es sich für eine Schülerin geziemte, dann begrüßte ich jede einzelne Medizinperson mit dem traditionellen Händegruß einschließlich der Frauen in der Mitte, die sich schon in Trance befanden.

Als ich alle begrüßt hatte, fingen die Musiker wieder an zu spielen, und zwar genau ab der Stelle des Liedes, die sie vor meiner Ankunft gespielt hatten.

Mama Fatuma stand auf und wies mich ins Haus.

»*Kangaga*, du kommst zu spät! Wo ist Katana?«

»Entschuldige, ich wusste nicht, dass es sich um eine solch wichtige Zeremonie handelt. Katana wird nicht kommen. Wir haben uns gestritten und ich habe ihn seit Tagen nicht mehr gesehen.«

»Na gut, komm her. Wir müssen deine traditionelle Medizinkleidung anziehen.«

Ich schlüpfte wie so oft aus Jeansrock und T-Shirt und band mir die traditionellen Tücher um meinen Körper wie auch meine Perlenketten bzw. Schutzketten quer über den Brustkorb. Eine kleine, bunte Perlenkette legte ich mir um den Kopf, die als Schlüssel für das Tor zur Ahnenwelt fungierte.

Als ich fertig war, prüfte mich Mama Fatuma nochmals streng, dann gingen wir hinaus ins Freie. Eine mir unbekannte Medizinfrau gab mir einen kleinen Schemel und ich setzte mich zu den Medizinfrauen.

Ich hatte keinen blassen Schimmer, was ich tun sollte. Frauen und Männer sangen, die Medizinfrauen eilten umher, fielen in Trance, tranken aus einem großen Tontopf, gefüllt mit heiligem Wasser und gesegneten Pflanzen. Es schien, als wüsste jede Einzelne genau, was sie zu tun hatte. Ich hingegen wusste nur, dass beide Frauen in der Mitte auf dem Boden Medizinpersonen waren, wovon eine vor Wochen krank geworden war, da sie ein bestimmtes Ritual versäumt hatte und nun bestimmte Ahnen sie krankgemacht hatten. Dies sollte nun eine Zeremonie sein, in der die Ahnen beschwichtigt wurden und die Frau ihnen den notwendigen Respekt zollen sowie ihren Tribut zahlen konnte.

Meine Gedanken kreisten umher, mir wurde schwindelig und heiß. Ich atmete schwer und begab mich langsam in Trance. Immer wieder sah Mama Fatuma zu mir her und bedeutete mir, mich zurückzuhalten.

Hohe Frauen standen hier vor mir, jede ihre eigene Weisheit in sich tragend. Langsam standen alle Medizinfrauen auf, begaben sich ebenfalls in Trance und tanzten, bis ich die Letzte war, die noch auf ihrem Schemel saß.

Was ich tun sollte, wusste ich noch immer nicht.

Plötzlich kam eine Medizinfrau von kräftiger Statur zu mir her. Viele Ketten und Medizinbeutel hingen um ihren Hals. Sie befand sich in Trance und ihre Augen strahlten Kraft aus.

Zielstrebig schritt sie auf mich zu.

»*Pole Mama*, entschuldige, entschuldige vielmals«, sprach ein Ahn durch sie, nahm meine Hand und begleitete mich zu den tanzenden Frauen.

Ich wurde mit einem Mal in das Feld gezogen, und jetzt wusste ich auch, was ich tun sollte: Ein Energiefeld musste geschaffen werden, damit Heilung entstehen konnte.

Mein Körper fing an zu zucken und sich unkontrolliert zu bewegen. Ich tanzte und sang die heiligen Gesänge, bis alle in derselben Energie schwangen.

Als es soweit war, standen die Frauen, die bis dahin mit blauen Tüchern bedeckt ruhig auf dem Boden gesessen hatten, auf. Sie zerrten an ihren Tüchern, bereit, dem Weg der Kraft zu folgen.

Alle einschließlich Musiker und Zuschauer, die in Scharren herbeigekommen waren, folgten den zwei Frauen, die nun die leuchtenden geheimen Pfade in den Busch vorangingen.

Wir folgten ihnen alle, singend, tanzend, schreiend und in die Hände klatschend. Alles drehte sich und mein Herz raste wie wild. Keiner dachte mehr, sondern spürte und öffnete sich. Ekstase erfüllte jeden Einzelnen von uns und wir jauchzten vor Freude. Die beiden Frauen gingen langsam voran, damit alle sie begleiten konnten und niemand zurückblieb.

Zuerst kamen wir an einen großen See. Die ältesten Frauen gingen vollkommen in Trance hinein und tauchten lange unter. Sie trafen sich mit den Geistern des Ortes, welche für sie die Pflanzen der Heilung bereithielten. Mich zog es wie magisch ebenso in den See, doch an meiner Seite standen erfahrene Medizinhelfer, die mich zurückhielten.

»*Kangaga*, noch nicht! Es ist zu früh dafür. Aber bald wirst auch du das Geheimnis lüften können. Wir wissen, auch sie rufen dich, aber die Zeit ist noch nicht reif hierfür!«

Ich zuckte und wollte mich wehren, denn der Drang, in den See zu gehen, war enorm. Doch die Hände der starken Medizinfrauen aus dem Busch griffen umso fester um meine Arme. Mein ganzer Körper zuckte und ich wurde fast verrückt vor Erregung. So stark war die Energie, so stark das magische Feld, in dem wir uns alle befanden. Immer wieder versuchte ich auszubrechen, mich zu befreien und den anderen Frauen in den See zu folgen. Gut, dass es mir nicht gelang. Ich wäre wahrscheinlich ertrunken, da es zu früh für diese Lektion war.

Ich weiß nicht, wie lange wir am Ufer standen und warteten. Aber irgendwann kamen die Frauen aus dem Wasser. Und weiter ging es zum nächsten heiligen Ort: ein alter ausgehöhlter Baobab-Baum, ein uralter Tempel aus vergangenen Zeiten, in dem die Geister Geschenke für die kranke Frau bereithielten. Die kranke Medizinfrau trat in die Mitte des riesigen Baumes und nur ihr war es gestattet, das Geheimnis darin zu empfangen. Dieser Teil der Zeremonie blieb den Außenstehenden verborgen.

Teile einer Zeremonie müssen manchmal geheim bleiben. Damit wird gewährleistet, dass die Beteiligten zukünftig geschützt sind. Das Wahren des Geheimnisses schützt auch die Außenstehenden, da sie noch nicht bereit für das Wissen sind. Jenes magische Wissen wäre zu mächtig und sie könnten nicht damit umgehen, ja, es könnte ihnen sogar schaden.

Das Energiefeld der begleitenden Menschen wurde keineswegs schwächer. Seit Stunden sangen und spielten alle Beteiligten inbrünstig.

Es war mittlerweile Mittag. Die Zeremonie dauerte seit den Morgenstunden an.

Vor dem großen Tempel flog ich in Ohnmacht. Ich war nicht die Einzige. Die sengende Mittagshitze forderte nicht nur von meinem Körper ihren Tribut. Die Sonne stand weit über uns und brannte auf uns nieder. Aber auch das Energiefeld war enorm und einige fielen überwältigt zu Boden.

Wieder bei Bewusstsein, halfen mir die umstehenden Frauen aufzustehen. Immerhin hatten wir alle seit Stunden weder gegessen noch getrunken.

Nachdem die kranke Medizinfrau das Tor zur Anderswelt durchschritten hatte und aus der Mitte des Baumes wieder hervorgetreten war, zogen wir weiter.

Unser Weg führte durch unzählige Dörfer, wo alle staunend und ehrfürchtig stehen blieben. Nicht alle Tage kamen so viele Medizinfrauen und -männer in voller Trance an ihren Häusern vorbei. Wir waren eine riesige Menschen- und Energietraube.

Immer mehr Menschen schlossen sich uns an und stimmten aus vollem Herzen in unseren Gesang ein. Sie spürten die starken Heilungsenergien und den Segen der Ahnen.

Bis spät in den Nachmittag hinein setzten wir unseren Weg fort, ohne eine einzige Pause zu machen oder etwas zu essen und zu trinken. Erst am frühen Abend kamen wir wieder an unserem Haus an, an dem alles begonnen hatte.

Die zwei Frauen, welche uns den ganzen Tag geführt hatten, setzten sich in unsere Mitte. Die nun geheilte Medizinfrau hatte ihre Medizin erhalten. Und als Zeichen, dass sie wieder gesundet war, sprang sie freudig auf, schrie, sang und tanzte.

Um Mitternacht kam ich endlich nach Hause. Ich war völlig erschöpft. Nachdem die Zeremonie geendet hatte, gab es noch ein großes Festessen, das bei einem so wichtigen Ereignis natürlich nicht fehlen durfte. Einige Hühner wurden geschlachtet und jeder langte herzhaft zu.

Ich zündetet zu Hause meine Kerosinlampe an und legte mich aufs Bett. Katana war nicht da, trotzdem fühlte ich mich beschützt und wohl. Ich schloss meine Augen und fiel in einen tiefen Schlaf, nichts ahnend, dass sich mein Leben schon bald aufs Neue verändern würde.

So vergingen die Tage und Nächte und Katana ließ sich kaum blicken. Jeden Tag ging ich zu Mama Fatuma und leitete Zeremonien unter ihrem strengen und prüfenden Blick. Weiterhin lehrte sie mich in Pflanzenmagie. Ihr Wissen schien schier unerschöpflich. Mittlerweile gestaltete ich meine eigenen Zeremonien, in denen ich auch die Wassermagie mit einbezog. Viele Menschen kamen von weither, denn sie wollten die weiße schwarze Medizinfrau sehen, die in dem kleinen Dorf ihre Arbeit verrichtete.

Langsam bereiteten wir uns auf die Regenzeit vor. Es musste viel getan werden. Das Dach aus Palmenblättern benötigte dringend eine Reparatur und einige Seiten an dem Lehmhaus wiesen große Löcher auf. Also saßen wir, die Kinder und Frauen, lange auf dem Boden und falteten geduldig Palmenblätter. Mama Fatuma zeigte mir, wie ich das anstellen musste, damit sie auch hielten und kein Regenwasser durchtropfte.

Immer wieder stimmte eine Frau einen Gesang an und die anderen fielen in ihn ein, lachten und klatschten.

Einige Frauen kamen auf mich zu, lächelten mich augenzwinkernd an und zeigten auf meinen Bauch.

Sie wussten, dass ich ein Kind erwartete.

Ich fühlte mich die meiste Zeit wohl und stark. Dennoch trübte ein dunkler Schleier meine Stimmung. Mama Fatuma saß neben mir an der Hauswand und während sie geschickt Palmenblätter faltete, schenkte sie mir ihren alles durchdringenden Blick.

»*Kangaga*, du verschweigst mir etwas. Ich habe dich beobachtet in letzter Zeit. Du und Katana, ich sehe euch gar nicht mehr miteinander.«

»Ja, Mama Fatuma. Wir haben uns getrennt. Es ist besser so. Wir wollen noch zusammenarbeiten und unsere Ausbildung beenden. Ich weiß nicht, wie es nun weitergehen soll. Ich erkenne Katana kaum wieder. Er ist so wütend und schrecklich eifersüchtig. Ich erwarte ein Kind und weiß überhaupt nicht, was mit *Kabunda* geschehen wird. Katana und ich sind doch ihre spirituellen Eltern. Ich weiß nur, dass ich nicht mehr kann.«

»Verstehe. Dann soll es so sein. Du hast viel gelernt hier in Afrika, aber ich fühle, dass dir noch andere Lektionen bevorstehen. Du wirst bereit sein dafür. Du wirst immer bereit sein für die Lektionen des Lebens, denn die Ahnen trauen dir nie etwas zu, das du nicht schaffen und bewältigen kannst. Die Schlange nähert sich dir und wenn sie dich beißt, wird alles anders werden.«

»Was für eine Schlange, Mama Fatuma?«

»Nicht jetzt, *Kangaga*. Nicht denken!«

Laut und tief atmete ich ein und beobachtete die Frauen. Sie alle trugen einen gewissen Schmerz in sich.

Mama Fatuma, die keine eigenen Kinder hatte und sich welche wünschte.

Dada Mairi, die irgendwie immer traurig und verloren aussah und dessen erster Mann sie schlecht behandelt hatte, mit dem Ergebnis Trennung.

Dada Furaha, die sich von keinem Mann etwas bieten lassen wollte und auf ihre Weise gegen soziale Konventionen rebellierte. Sie war nicht verheiratet, liebte die freie Liebe und suchte sich ihre Liebhaber selbst aus: ein Tabu in der islamisch beziehungsweise christlich geprägten Kultur an der kenianischen Küste, noch dazu in einem kleinen Dorf, wo alle Augen und Ohren hatten.

Es machte mich traurig, dass ich mich von Katana trennen musste. Dass Katana wütend auf mich war, spürte ich. Außerdem war ich es gewesen, die ihn verlassen hatte. Mit der Trennung kam er überhaupt nicht klar. Obwohl ich es so besser fand, da wir uns ständig gestritten hatten, fühlte ich mich in diesem Moment einsam und mein schmerzendes Herz war schwer.

Am Abend ging ich alleine nach Hause, wo ich mir von den Wasserträgern, die in den Dörfern von Haus zu Haus gingen, ein paar Liter Wasser abkaufte, weil ich nicht selbst zum Brunnen gehen wollte. So konnte ich mich waschen und mir einen Tee kochen. Ich legte mich ins Bett. Nur ein dünnes Leinentuch bedeckte mich für die Nacht. Aus der Ferne hörte ich den Muezzin zum Abendgebet rufen. Dieser Singsang aus der Moschee in unserer Nähe war mir mittlerweile sehr vertraut, so vertraut, dass ich beruhigt eindöste.

Katanas Schnurbruch

Die Nacht kühlte sein heißes Gemüt, aber seine Gedanken kreisten unentwegt um *Kangaga*. Warum verhielt sie sich so? Es gab keine wirklichen Gründe, weshalb sie sich in der Vergangenheit so gestritten hatten, doch er musste nun eingreifen und konnte diese Trennung nicht auf sich beruhen lassen. Er war der Mann, er musste Stärke beweisen, doch konnte er es nicht. Er hatte versagt und nun waren sie getrennt.

Katana überlegte wild. Seine Gedanken überschlugen sich und seine inneren Zweifel verwandelten sich in fieberhafte und verrückte Vorstellungen, die ihm seine Sinne zu rauben suchten.

Würde er wahnsinnig werden oder besessen wie damals vor einigen Monaten, als der Dämon zu ihm kam mit der Absicht, ihn zu töten?

Nein, so weit würde er es nicht kommen lassen. Er wollte Frieden, aber auch den Kampf. Fragte sich nur, mit wem. Er kämpfte auch gegen sich selbst an, doch etwas in ihm wurde stärker, genährt von der Wut in seinem Bauch.

Getrieben von seinem Trennungsschmerz, den er fast körperlich spürte, fuhr er kurz nach dem Ende der Beziehung eines Morgens in nördliche Richtung zu dem einzigen Mann, der ihm in dieser bedenklichen Stimmung *helfen* konnte.

Er schwor sich, niemandem je etwas davon zu erzählen, und so schlummerte sein dunkles Geheimnis tief in seinem Inneren.

Katana war auf dem Weg zu einem Schwarzmagier, der in Takaungu in Kilifi County lebte, in einer Gegend, die berüchtigt war für dieses dunkle Geschäft.

Der Schwarzmagier gab sich als ein *guter* Medizinmann aus, seine Heilkünste waren mehr recht als schlecht. Seine manipulierenden Kräfte überstiegen jedoch bei Weitem das Mittelmaß.

Katana saß nun vor diesem Mann. Er war von kleiner Statur und mittleren Alters und saß mit Katana in einem kleinen, abgedunkelten Zimmer. Es roch nach Weihrauch. Der Schwarzmagier zündete sich eine Zigarette an und klemmte sie sich zwischen seine spröden Lippen. Kurz sah man seine rot verfärbten, gelben und zudem schlechten Zähne, die er vom vielen Miraakauen bekam. Sein stinkender Atem rührte von Kath und dem widerlichen Beigeschmack unzähliger Zigaretten.

»Was willst du von mir?«, fragte er.

»Ich bin gekommen, weil mir meine Frau weggelaufen ist. Wir stritten viel. Jetzt will sie nichts mehr mit mir zu tun haben. Aber ich will sie haben. Sie gehört mir und ich liebe sie. Sie ist meine Frau und sie hat sich mir versprochen.«

»Ich weiß, was du willst«, las der Schwarzmagier seine wahren Absichten. »Du willst sie zurückhaben. Sie soll dich lieben. Und falls sie nicht zu dir zurückkommt, soll sie auch mit keinem anderen glücklich sein.«

Katana überlegte. Wollte er wirklich so weit gehen? Was er hier tat, brach seinen Schwur, den er am Anfang seiner Ausbildung geleistet hatte. Er hatte geschworen, niemandem zu schaden und sein Wissen und seine Kraft nur für das Gute einzusetzen. Er konnte doch nicht seinen Schwur brechen?

Doch bereits seine Entscheidung, in diese Gegend zu reisen, hatte sein Schicksal besiegelt.

Katana hatte sich dem Bösen bereits selbst ausgeliefert. »Ja, ich will sie haben und falls sie nicht mit mir zusammen sein will, so soll sie auch nicht mit einem anderen glücklich werden«, hörte er sich selbst sagen und erschrak über seine eigenen Worte.

Doch es war zu spät. Der dunkle Magier begann bereits mit seiner Arbeit. »Gut, ich werde alles vorbereiten. Doch bedenke: Deine Frau ist stark. Ihr Wille wird nicht so leicht zu brechen sein. Falls überhaupt. Doch ich kann mir ihre Ängste zunutze machen und sie so zu Fall bringen. Erzähle mir von ihr. Erzähle mir alles und lass nichts aus.«

Katana berichtete aus *Kangagas* Leben, gab ihre Wünsche und Sehnsüchte preis und tischte dem dunklen Magier auch ihre Ängste auf. Er hatte sie in den letzten Monaten gut kennengelernt, kannte sowohl ihre Stärken als auch ihre Schwächen.

Der Schwarzmagier hatte leichtes Spiel.

Nachdem Katana ihn für seine Unheil bringende Arbeit gut bezahlt hatte, machte er sich an sein dunkles Werk und rief seine Helfer an. Beschwor sie mit süßen Worten. Bestach sie im Namen der Gerechtigkeit. Sie mögen doch Mitleid mit Katana haben. Und seine Frau zu ihm zurückbringen.

Und falls Letzteres nicht geschähe.

Dann solle sie mit keinem anderen glücklich werden.

Auf ihr solle ein Fluch lasten. Ein Tod bringender Fluch.

Abschied nehmen

Es war Nacht und ich träumte von einem großen mächtigen Baobab. Überall lagen Schlangen herum. Sie zeigten mir den Weg und ich folgte ihnen zum geheimen Tempel des Schlangenmannes. Er war ein stämmiger Mann, der auf einem kleinen Schemel vor dem Zauberbaum saß. Der Schlangenmann trug ein weißes Lendentuch um seine Hüfte und ein weiteres weißes Tuch war quer über seine Schulter drapiert. Seine nackten, breiten Schultern waren zu sehen. Er hatte eine hellbraune Hautfarbe und schwarze Augen. Sein kurzes, lockiges schwarzes Haar war bedeckt von einer weißen traditionellen Kofia – einer zylindrischen Mütze. Um seine Füße wanden und bewegten sich kleine Schlangen. Während er mich mit seinen wissenden Augen beobachtete, ruhten seine Hände gefaltet über seinem Schoß. Der Schlangenmann begrüßte mich. Ich kniete mich vor ihm hin und wartete gespannt, was er zu sagen hatte.

»Hallo, *Kangaga*! Schön, dass du in meinem Tempel bist! Wenn du willst, werde ich dich lehren. Aber sei dir gewiss, die Schlangenkraft ist keine einfache Kraft. Sie wird dich immer vor große Herausforderungen stellen. Wer auf einen Schlangenmann oder eine Schlangenfrau trifft, kann gewiss sein, dass sich sein Leben verändern wird. Vielleicht sind es nur kleine Veränderungen, vielleicht kommt die große Verwandlung. Hab keine Angst.«

»Es ist so viel passiert, Schlangenmann. Ich habe das Gefühl, dass ich gleich zerspringe, dass mein Verstand explodiert. Ständig passiert so viel. Ich weiß gar nicht, wie ich das alles verarbeiten soll. Und die Trennung von Katana, ich kann kaum darüber sprechen. Ich fühle mich so schwach.«

»Erzähle mir davon. Was ist passiert? Eins noch, was du wissen solltest: Katana hat seinen Schwur gebrochen. Doch es gibt auch eine gute Nachricht zu dieser schlimmen Geschichte: Der Mann, der ihm hilft, unterschätzt dich. Aber du wirst eine Zeremonie durchlaufen, die dich schützt. Du wirst erfolgreich gegen die dunkle Magie ankämpfen.«

»Ich habe mir das schon gedacht. Es ist gut, dass sie mich unterschätzen. So werde ich nicht als Gefahr angesehen und kann im Geheimen meine Kräfte bündeln.«

»Und nun erzähle von deinem Streit mit Katana!«

»Ich kann nicht, ich habe es nicht einmal Mama Fatuma erzählt, niemandem, weil es so wehtut. Ich fühle mich so alleine damit.«

»Du bist nicht alleine, kleine Schlangenfrau! Du hast immer deine Helfer an deiner Seite. Aber du musst es rauslassen, sonst wird es sich in deinem Körper und deinem Energiesystem stauen und Auswirkungen haben auf deine nächsten Beziehungen.«

Ich überlegte kurz und atmete tief ein. »Katana hat mich geschlagen. Das war der wahre Grund für unsere Trennung. Ja, wir haben uns auch gestritten, aber er hat mich gedemütigt. Ich fühle mich so allein damit. Keiner kann mir hier in Afrika helfen und ich kann es niemandem erzählen. Was für eine Frau und Medizinfrau bin ich, wenn mir so etwas passiert? Was nützt mir all dieses Wissen und all diese Kraft, all diese Geschenke, wenn ich dann trotzdem solche Sachen erlebe? Ich habe schon so viel Leid und Schmerz in meinem Leben erlebt! Warum?«

Ich fing an zu weinen. Zum Teil schämte ich mich, weil es mir peinlich war. Der Schlangenmann sah mich mitfühlend an und nickte. Es war seltsam, mich ihm zu offenbaren. Ich hätte lieber mit einer Frau gesprochen, aber ich vertraute ihm und er besaß eine innere Kraft, die mich zwang, offen und ehrlich zu ihm, aber auch zu mir selbst zu sein.

Der Schlangenmann erhob sich, trat auf mich zu und hockte sich hin. Fest sah er mir in die Augen. »Du weißt, dass das eine nichts mit dem anderen zu tun hat. Du hast viel Leid erlebt und wirst es noch erleben. Aber das gehört alles dazu, eine wahrhaftige und heilige Kriegerin und Heilerin zu sein. Du musst durch den Schmerz gehen, um an den Punkt der Wahrhaftigkeit zu kommen. Es tut immer weh, wenn man von der Illusion und Täuschung ins Licht eintaucht. Aber in dem Moment, wo du ins Licht tauchst, in die Erkenntnis, ist alles ganz einfach und ruhig. Nur der Kampf, der Krieg in dir, ist so schmerzhaft. Und um zu erkennen, wer du wirklich bist, und um den inneren Kern in dir wirklich zu erfassen, müssen all die Masken wie Zwiebelschalen abgeschält werden. Ein oftmals schmerzhafter Prozess. Du musst dich dafür nicht schämen. Nur ein Teil deines Egos, der überleben möchte, schämt sich. Nur ein Teil deines Egos, der die Täuschung aufrechterhalten möchte, wehrt sich gegen den Enttäuschungsprozess, unmittelbar bevor er beginnt. Aber das ist ganz normal. Du bist ein Mensch, auch wenn deine Seele aus einer anderen Welt stammt.«

»Ich würde so gerne mit einer Frau und Freundin darüber reden, aber hier ist niemand und mein Suaheli ist nicht gut genug, um meine ganzen Gefühle zu beschreiben. Also schweige ich.«

»Du musst nicht schweigen. Was dir widerfahren ist, ist Millionen und Abermillionen Frauen passiert. Sie waren und sind alle in der gleichen Situation und sind durch den gleichen Schmerz gegangen. Es geht nicht darum, dass dein Schmerz auf irgendeine Weise verglichen wird. Jeder hat sein Anrecht auf seine Erfahrung und auf seinen Schmerz und bei jedem sind beide jedes Mal anders, also nicht miteinander zu vergleichen. Ich will dir damit sagen, dass du nicht alleine bist und dass du dich verbinden kannst mit einem Kollektiv, das viel größer ist als jeder Einzelne.«

»Was meinst du?«

»*Kangaga*, du bist bereit, eine neue Ebene zu öffnen. Du wirst einen spirituellen Frauenkreis kennenlernen und selbst eine Schlangenfrau werden. Hab keine Angst, kleine Schlangenfrau, egal, was nun passiert! Und erinnere dich an meine Worte!« Der Schlangenmann berührte meinen Kopf, so als würde er mich mit seiner Hand segnen.

Genau in diesem Moment weckte mich ein ohrenbetäubendes Geräusch aus meinem Traum. Es war wie ein Knall direkt neben meinem Ohr und ich schrak hoch. Ich sah aus dem Fenster. Es dämmerte langsam und die Nacht war fast vorüber. Gerade eben noch hatte ich mit dem Schlangenmann gesprochen, nun war ich wieder alleine in meinem Zimmer. An Schlaf war nicht mehr zu denken.

Ich bekam plötzlich starke Bauchschmerzen und fühlte mich elend. Alles tat mir weh und mein ganzer Körper krampfte zusammen. Ich spürte eine warme Flüssigkeit meine Schenkel hinunterunterrinnen. Schnell griff ich in meinen Schritt und sah Blut an meinen Fingern.

Mein Atem stockte und das Herz tat mir weh. Ich starrte weiterhin das Blut an den Fingern an und wusste sofort, was passiert war. Ich hatte mein zweites Kind verloren.

Vollkommen benommen stand ich auf, wechselte meine Unterwäsche und legte eine Binde ein. Dann zog ich meinen Jeansrock an und streifte mir ein T-Shirt über. In der Morgendämmerung ging ich langsam zu Mama Fatuma in den Busch. Ich versuchte meine Tränen zurückzuhalten. Keiner sollte es sehen, keiner mitbekommen, welchen Schmerz ich durchleben musste.

Mit letzter Kraft kam ich zu Mama Fatumas Haus. Sie kam gerade aus dem Haus, so als hätte sie schon auf mich gewartet. Meine letzten Schritte wurden schneller und ich stürzte mich weinend in ihre Arme. Wieder legte sie mich sanft auf ihr Bett und gab mir heilende Pflanzen.

Ich war am Boden zerstört und nahm Abschied von meinem Kind.

Den Schmerz überwinden

Drei Tage wollte ich das Zimmer von Mama Fatuma nicht verlassen. Ich wollte niemanden sehen und niemanden sprechen. Nur sie selbst ließ ich in meine Nähe. Sie gab mir Pflanzen, damit keine Infektion durch die Fehlgeburt entstehen konnte. Eine Depression griff nach mir und hielt mich in ihren Fängen.

Was sollte das Ganze? Zuerst die Trennung von Katana, jetzt die zweite Fehlgeburt. Ich hatte das Gefühl, als würde mir der Boden unter den Füßen weggezogen werden, als würde mir alles durch die Finger rieseln und als könnte ich nichts festhalten. Ich konnte mein Baby nicht halten und machte mir selbst Vorwürfe.

Am dritten Tag wachte ich morgens auf. Alle schliefen noch. Ich sah eine grüne Schlange, wie sie sich um den Dachbalken in Mama Fatumas Zimmer wand. Dass sie harmlos war, wusste ich, deshalb kümmerte ich mich nicht weiter um sie. Ich spürte meine fettige Haut, die von der Kerosinfackel neben mir ganz rußig geworden war. Ich war verschwitzt und höchstwahrscheinlich stank ich ganz fürchterlich. Leider konnte ich mich selbst nicht richtig riechen, was vermutlich an meiner Benommenheit lag.

Als ob sie mein Problem gerochen hätte, trat Mama Fatuma leise in das Zimmer ein.

»Guten Morgen, *Kangaga*, du musst dich waschen. Ich habe dir einen Eimer frisches Wasser hinter das Haus gestellt. Wasch dich damit und mach dich frisch. Du wirst dich danach besser fühlen.«

Ich nickte schwach und stand schleppend vom Bett auf, in dem ich drei Tage lang in Selbstmitleid versunken gelegen hatte. Langsam schritt ich hinter das Haus. Die Sonne ging auf und das Dorf erwachte zum Leben.

Ich wusch mich und Mama Fatuma behielt recht, denn ich fühlte mich tatsächlich besser und vor allem frischer. Dankend nahm ich den heißen Tee entgegen, den sie mir anbot. Wir setzten uns auf kleine Holzschemel an ein ruhiges Plätzchen etwas abseits vom Haus. Noch immer sagte ich nicht viel und hing meinen Gedanken nach. Und wie immer klopfte mir Mama Fatuma auf den Kopf und sagte, dass ich zu viel denken würde.

»Glaubst du denn, spirituellen Menschen wie du und ich passieren keine schlechten Dinge?«, fragte sie mich plötzlich.

Ich blickte sie an. Eine Träne kullerte meine Wange hinunter. Ich konnte nicht anders, als mir selbst leidzutun. »Glaubst du denn, dass du für etwas bestraft wirst?«, fragte mich Mama Fatuma weiter und sah mir direkt in die Augen.

Ich wich ihrem Blick aus und starrte wieder auf den Boden. »Ich weiß es nicht, Mama Fatuma. Warum ist das alles so, wie es ist? Warum habe ich das Kind verloren? Warum hat das mit Katana nicht geklappt? Warum habe ich meinen leiblichen Vater nicht gefunden? Warum habe ich Leid erfahren in meinem Leben?«

»Wir alle erleben die Dinge, die wir brauchen, um zu reifen und zu wachsen. Du wirst nicht bestraft. So ist das alles nicht. Die Erde ist ein Lernplanet. Alle ihre Kinder lernen auf ihr. Die Menschen sind hier, um zu lernen – und wie kann man lernen, ohne Fehler zu machen, ohne durch Prüfungen zu gehen, die einen sterben und neu gebären lassen? So ist das nun mal. Es ist keine Strafe, es ist keine Schuldfrage. Auf eine Entscheidung folgt die Konsequenz und vor jeder Entscheidung hat man einen kurzen Moment der Wahl. Manchmal hat die Seele schon viel früher entschieden, schon vor der Geburt, und dein Körper und dein Geist werden in diesem Leben mit der inneren Information geboren, dass sie bestimmte Dinge erleben müssen, um zu wachsen. Verstehst du, *Kangaga*?«

Mama Fatuma hatte klar gesprochen, aber ihre Stimme wurde mit jedem gesprochenen Satz monotoner. Ich sah die Medizinfrau genauer an. Ihre Augen blickten ins Leere und sie bewegte sich immer noch sitzend hin und her. Tief in Trance war sie gefallen und die Spirits sprachen durch sie.

»In dem Moment, wo du nicht verstehst, bist du nicht bei dir. Du musst den Schmerz fühlen und durch ihn hindurchgehen, um auf der anderen Seite wieder anzukommen. Anzukommen bei dir selbst. Wenn du durch den Schmerz gehst, dann wächst du, dann wird dein innerer Raum größer und dehnt sich aus und dir wird bewusst, dass du frei bist und schon immer warst und du ein unendliches Wesen bist. Aber zuerst müssen die Schichten deines Selbst, die dich daran hindern, dein inneres Wesen zu leben, sterben, durchs Feuer gehen, ertrinken, durch Schmerzen gehen, auf die Knie fallen, auf dem Boden liegen, sich auflösen, sich verändern, aufgeben, um sich schließlich an die Kraft zu erinnern, die schon immer da war und immer da sein wird. Und du wirst dich erinnern. Und du wirst in die große Spirale zurückkehren und alles beginnt von vorne, obwohl es kein Ende und keinen Anfang gab.«

Mama Fatuma lächelte glückselig, ihre Augen verdrehten sich so stark, dass ich nur noch das Weiße in ihnen sah.

»*Kangaga*, du kannst die Vergangenheit nicht ändern. Was passiert ist, ist passiert. Und die Zukunft kannst du nur aus der Gegenwart heraus gestalten. Es liegt alles in deiner Hand. Du trägst die Verantwortung für dein Leben, für deine Gefühle und deine Taten und bist kein Opfer. Du selbst bist immer der eigene Schlüssel für dich selbst. Alles andere ist Illusion.«

Plötzlich nahm Mama Fatuma einen tiefen Atemzug, streckte kurz Arme und Beine und sprang auf. Sie war wieder vollkommen sie selbst und lächelte mich an. Schließlich ging sie zu den Kindern, die gerade den Hof kehrten und spielten, und alles war so, als wäre nie was passiert.

Auch ich versuchte mich wieder zu fassen. Ich tat es Mama Fatuma gleich und nahm einen tiefen Atemzug. Dann trank ich den Rest meines Tees.

Er schmeckte köstlich.

Ich beschloss, wieder ganz zu Mama Fatuma in den Busch zu ziehen. Da ich nicht mehr mit Katana zusammen war, gab ich unser gemeinsames Haus im Dorf auf. Ich wollte meine ganzen Erfahrungen in Ruhe verdauen. Außerdem führte ich im Stillen Zeremonien durch, weil ich wusste, dass Katana zu jemandem gegangen war, um mir zu schaden.

Aber der Schwarzmagier hatte mich unterschätzt und seine schwarze Magie fiel auf ihn und Katana selbst zurück. Da Katana seinen Schwur gebrochen hatte, wurde er von den Ahnen zur Rechenschaft gezogen.

Ich baute nach der Fehlgeburt körperlich ab. Wir hatten zwar genug zu essen, trotzdem verlor ich mit den Wochen stetig an Gewicht. Ich versuchte mehr Vitamine zu mir zu nehmen und mich zu stärken, aß viel frisches Obst, das ich mir auf dem Markt besorgte.

Dennoch ging es mir kaum besser.

Eines Tages beschloss ich, zum Meer zu gehen. Ich war schon lange nicht mehr am Wasser gewesen und vermisste den wunderbaren blauen Ozean von Kenias Küste. Ich ging alleine einen schmalen Pfad entlang, als plötzlich ein unglaublicher Schmerz mir schier den Kopf zu zerbersten schien. Augenblicklich sank ich auf die Knie und hielt mir die Hände an die Schläfen. Mir wurde ganz schwindlig und schlecht und ich stand kurz vor einer Ohnmacht.

Benommen versuchte ich weiter ruhig zu atmen und die Übelkeit in den Griff zu bekommen. Meine Augen schmerzten so sehr, dass ich sofort beschloss, zurück zu Mama Fatuma zu gehen. Ich hielt den ganzen Weg zurück meinen Kopf und fühlte mich elendig.

Die Situation war mir unheimlich.

Mama Fatuma war nicht zu Hause und auch sonst war keiner auf dem Grundstück zu sehen. Ich legte mich in meinem Zimmer in Mama Fatumas Lehmhütte auf die Matratze und schloss die Augen. Es pochte wie wild hinter meinen Augenlidern. Als Mama Fatuma endlich nach Hause kam, wachte ich auf und wollte aufstehen, aber ich brach zusammen und wurde bewusstlos.

◇ ◇ ◇

Wenn man denkt, es geht nicht mehr schlimmer, kommt der nächste Schlag ins Gesicht. Ich wachte in einem Krankenhaus auf und lag auf einem Krankenbett. Unglaublich schwach und sterbenselend fühlte ich mich. Irgendwer hatte mich hierhergebracht, aber ich konnte mich nicht mehr daran erinnern, wer das gewesen war. Alles fühlte sich gedämpft an, so als würde ich in Watte liegen. Eine Ärztin kam ins Zimmer und sprach im Flüsterton mit jemandem.

Dann hörte ich Katanas Stimme an meinem Ohr: »Shani, ich bin es, Katana. Du hast eine sehr schwere Malaria bekommen. Mama Fatuma hat mich gerufen und ich war es, der dich hierhergebracht hat. Wir sind in einem Dorfkrankenhaus, aber ich werde dich in ein Krankenhaus nach Mombasa bringen. Du bist zu schwer erkrankt und hier reicht die medizinische Versorgung nicht aus. Hast du das verstanden, Shani? Shani?«

Ich bildete mir ein, dass ich ihm zunickte, aber mein ganzer Körper war zu schwach dafür. Wieder schlug die Dunkelheit wie eine Welle über meinem Kopf zusammen.

Katana sah mich eindringlich an und versuchte mich wach zu halten. Immer wieder lichtete sich meine Benommenheit und im nächsten Moment versank ich wieder in ihr. Es störte mich nicht einmal, dass Katana hier war – trotz allem, was passiert war. Es war alles egal.

In den kurzen Momenten, in denen ich wach war, versuchte mir Katana Wasser zum Trinken zu geben und bot mir eine Kleinigkeit zu essen an.

»Shani! Du musst was essen und trinken! Hörst du? Du wirst ansonsten sterben. Bitte!«

Wieder nickte ich nur und schloss die Augen. Ich wusste, dass ich gerade dabei war, zu sterben. Mein Körper war zu geschwächt, um Nahrung aufzunehmen. Alles war ganz ruhig und friedlich in mir. Ich hatte keine Angst, keine Panik, keine Schmerzen. Nichts. Ich war vollkommen entspannt und wusste, dass ich nun sterben würde. Ich war bereit dafür.

Mein Geist trennte sich von meinem Körper. Wie in Trance war ich mit meinem nicht fleischlichen Körper vom Krankenbett aufgestanden und sah nun einen Tunnel vor mir in der gegen-überliegenden Wand.

Langsam schritt ich darauf zu, so als ob dies das Selbstverständ-lichste auf der Welt wäre. Der Tunnel zog mich wie magisch an und ich erblickte meine Ahnen, die davorstanden. Ich fühlte mich leicht, irgendwie erleichtert und freute mich, denn ich wusste nun, dass ich einfach nur in diesen Tunnel gehen brauchte.

Gott, wie einfach das doch war …

Der Schlag traf mich aus heiterem Himmel. Ich bekam eine saf-tige Ohrfeige von einem meiner Spirits. Sie sahen mich wütend an und ein männlicher Ahn sprach: »*Kangaga*, nicht! Wenn du jetzt über diese Schwelle gehst, dann stirbt dein Körper!«

»Das ist doch in Ordnung«, erwiderte ich arglos.

Der Ahn hielt mich weiterhin auf, ergriff meinen linken Arm und hielt ihn fest.

»Wehe, du gehst einen Schritt weiter, Shani *Kangaga*! Es ist noch nicht deine Zeit gekommen, zu sterben. Du musst hier-bleiben. Denn du hast noch viele Aufgaben zu erledigen, mit denen du sehr vielen Menschen helfen kannst. Bleib hier! Diene der Menschheit!«

Ich war so unendlich müde. Nichts, absolut rein gar nichts hielt mich noch in dieser Welt. Mein Schmerz in mir war so unendlich. Ich hatte meinen leiblichen Vater nicht gefunden, meine Kinder verloren, es gab keine Liebesbeziehung mehr in meinem Leben, meine Freunde lebten in Europa und meine Familie stand nicht hinter mir. Alles erschien mir sinnlos. Ich stand einfach nur da und blickte in den Tunnel. Was sich hinter ihm befand, konnte ich nicht erkennen, aber ich spürte einen unglaublichen Sog, der mich zwang weiterzugehen.

Dann zuckte ich mit den Schultern und meinte: »Na gut, dann gehe ich eben wieder zurück. Ist egal. Es ist sowieso alles egal. Ob ich sterbe oder lebe, es geht immer weiter.«

Besorgt blickten sich meine Spirits an. Ich schritt langsam wieder zu meinem Bett zurück und legte mich in meinen Körper. Erneut umhüllte mich Dunkelheit.

Wenige Stunden später befand ich mich mit Katanas Hilfe in einem guten Krankenhaus in Mombasa. Mein körperlicher Zustand verschlechterte sich zusehends. Da ich nichts mehr essen und trinken konnte, bekam ich Infusionen, um nicht zu dehydrieren. Außerdem gaben mir die Ärzte hohe Dosen an Malariamedikamenten. Drei Tage lang lag ich in einer Art Delirium. Drei Tage lang war ich nicht ansprechbar. Wenn ich die Augen öffnete und der Dunkelheit kurz entwich, sah ich kaum etwas und konnte mich an nichts erinnern. Mein Körper lagerte Wasser ein und an meinen Armen und Beinen bildeten sich Ödeme. Ich lag einfach nur da und konnte nichts tun.

Katana saß eingesunken und erschöpft neben mir auf einem Stuhl, als ein Arzt das Zimmer betrat. In den Händen hielt er ein Klemmbrett und sah sich die Ergebnisse meiner Bluttests an. Er stellte den Tropf, der neben mir stand, noch einmal neu ein.

Dann sprach er in ernstem Ton zu Katana: »Die Medikamente wirken bei ihr nicht. Es sieht so aus, als wären die Malariaerreger resistent dagegen. Sie wird die Nacht nicht überleben. Ihr Körper ist zu schwach. Sie wird sterben. Es tut mir leid! Hat sie irgendwelche Familienangehörige, die verständigt werden können?«

Katana blickte mich besorgt an. Die Ärzte gaben mir keine Chance zu überleben. »Sie hat eine Mutter. Ich werde sie anrufen und ihr sagen, dass es mit ihr zu Ende geht.«

Doch was jener Arzt und Katana nicht wussten ... Es geschah unmittelbar vor meiner Abreise nach Mama Afrika.

Der Tod

Kurz nachdem ich Mia in Deutschland besucht und das Erlebnis mit Strong Bear hatte, beschloss ich, mit einer guten Freundin aus Wien nach Kroatien zu fahren. Wir wollten einige Tage am Meer verbringen und uns so richtig entspannen, bevor ich meine große Reise nach Kenia antrat. Ich hatte es nötig, denn ich musste die jüngsten Erfahrungen erstmal verdauen. Und auch wenn ich irgendwann mein Ziel, eine weise Frau zu sein, erreichen wollte, so sehnte ich mich ebenfalls danach, *ein ganz normaler Mensch* zu sein, in den Tag hineinzuleben und nicht andauernd mit Spiritwesen konfrontiert zu werden.

Ich lachte in mich hinein. *Nein, ich konnte meinen Ahnen nicht den Rücken zukehren, ich möchte es auch gar nicht und ich glaube sie würden mich auch nie in Ruhe lassen.*

Damals, als ich noch zur Schule ging, vertrieb ich mir die Zeit, mein drittes, visionäres Auge zu schulen, indem ich die Auren, die Kraftfelder meiner Lehrer studierte. Ich konnte ausmachen, ob sie nervös waren, Angst vor der Klasse oder irgendein Gebrechen hatten, sei es seelischer oder körperlicher Natur.

Ich wunderte mich nicht besonders, denn es galt als selbstverständlich für mich, dass jeder Mensch so eine Begabung irgendwo versteckt hielt und die meisten davor Angst hatten, sie ans Tageslicht zu bringen. Auch ich hatte Angst, als ich noch ein Kind war. Ich wusste nicht, warum ich bestimmte Wesen sehen und mit ihnen sprechen konnte. Vor allem die Pflanzen- und Wassergeister mochte ich besonders. Sie gingen immer sehr geduldig und freundlich mit mir um. Die Geister kamen zu mir, begrüßten mich oder standen einfach nur da und starrten mich an.

Eines Tages, ich war sechs Jahre alt, kam so ein seltsamer Geist zu mir nach Hause. Er stand einfach nur am Türrahmen und blickte mich lange eindringlich an. Vier Jahre lang begleitete er mich, wenn man das Begleitung nennen kann! Denn ich hatte so eine Heidenangst vor ihm, dass ich jedes Mal zu meiner Mutter lief oder mich versteckte und mir eine Decke überzog, im unschuldigen Vertrauen darauf, dass wenn ich ihn nicht sah, ER mich auch nicht sehen konnte.

Ich hatte mich getäuscht, doch er krümmte mir nie ein Haar in all den Jahren. Mit zehn Jahren brachte ich den Mut auf, mich ihm zu stellen. Bei der Erinnerung muss ich immer lachen, denn ich hatte damals noch keine sogenannten schamanischen Medizingegenstände, sondern einen Kochlöffel, eine Wasserflasche und ein ziemlich scharfes Messer. Alle schliefen im Haus und ich hatte mich in die Küche geschlichen, um mir diese Sachen aus dem Schrank zu holen. Ich fühlte mich stark und unbesiegbar!

Etwa so lange, bis ER tatsächlich kam. ER stand breitbeinig wie ein Koloss vor mir. Sein Körper war weiß glänzend, fast fluoreszierend und seine Augen sahen in die meinen. Er nickte mir immerfort zu, sprach aber kein Wort zu mir. Wir standen uns ungefähr fünf Sekunden gegenüber, ich hörte meinen eigenen Herzschlag und meine kurzen Atemzüge. Dann nahm ich meine Füße in die Hände und rannte davon, als ob mein Leben davon abhinge.

Die Wohnung war groß und geräumig, und so lief ich, bis mir einfiel, dass ich mich eigentlich bewaffnet hatte. Ich blieb abrupt stehen, drehte mich um und wunderte mich kaum, dass ER noch immer etwa zwei Meter vor mir stand.

»Ich habe keine Angst mehr vor dir und ich bin bewaffnet, also verschwinde aus meiner Wohnung«, schrie ich ihn in meinen Gedanken an, steckte den Kochlöffel zwischen meine Zähne, als ob dieser ein zweites Messer wäre, und lief auf ihn zu, das scharfe Messer weit vor mir gezückt, die Wasserflasche über meinem Kopf erhoben. Ich weiß nicht mehr, was dann geschah, doch ich sah IHN nicht mehr wieder.

Ich versuchte meine Gedanken ruhen zu lassen. Merkwürdige Dinge passierten in meinem Leben und ich versuchte sie zu ordnen. Kein Lehrer und keine Lehrerin standen mir zu Seite, initiierten mich in die Geheimnisse der Magie, welche mich tagtäglich begleiteten. Ich fand keine Bezeichnung für meine Eindrücke, keine Worte für die Gefühle, die ich empfand. Magie beherrschte mich. Obwohl ich bereits glaubte, auch sie zu beherrschen, hatte ich noch keinen Sinn für sie gefunden. Was für eine Bedeutung sollten sie in meinem Leben haben? Viele Puzzleteile fehlten noch. Mein Zuhause in Wien stellte noch kein Ventil dar, durch das ich hätte arbeiten können.

Es gab Zeiten, in denen mich die Spirits nicht in Ruhe ließen, mich riefen und neckten, bis ich schließlich nachgab und ihren Willen lebte. Dabei fragte ich mich, wem ich damit dienen sollte. Manche beneideten mich um meine Fähigkeiten und ich beneidete sie um ihre Normalität, denn ich hatte es manchmal nicht gerne, Außenseiterin zu sein. Einen hohen Preis musste ich zahlen, wie Einsamkeit oder dass Menschen vor mir Angst hatten, wenn ich von der Geisterwelt erzählte. Oft träumte ich davon, einfach nur Mensch zu sein, selbst wenn ich von anderen hörte, sie würden gerne tauschen und die Spirits sehen und mit ihnen leben so wie ich. Doch sie ahnten nicht, wie schwer so ein Leben sein kann. Wie hin- und hergerissen ich war zwischen der Hier- und der Anderswelt – eine Spannung, die Kraft und Ausdauer erfordert, die mutlos machen kann, die oft auch ein Spiel von Leben und Tod sein kann.

All diese Gedanken gingen mir durch den Kopf, während ich mit meiner Freundin am Meer in Kroatien lag. Es war eindeutig, dass ich mir eine kleine Pause verdient hatte, und so genoss ich die ruhigen Tage mit ihr.

Wir gingen schwimmen, lernten neue Menschen kennen und verbrachten fast jeden Abend in einem Klub, so wie das alle jungen Leute eben taten. Tagsüber schliefen wir lange und faulenzten in der Sonne. Es war ein sehr erholsamer Urlaub. Aber jeder noch so kleine Urlaub endet einmal, und frühmorgens am letzten Tag fuhren wir mit dem Bus zurück zum Hauptbahnhof, um den Zug nach Wien zu erreichen.

Im Bus schloss ich meine Augen. Ich war müde, denn wir hatten die Nacht durchgemacht. Als ich meine Augen wieder aufmachte, blickte ich durch das Fenster in die noch nicht von der Sonne erhellte Landschaft. Ich konnte sowohl nach außen wie auch mein Spiegelbild im Fenster sehen. Nach ein paar Minuten nickte ich ein und als ich diesmal meine Augen wieder aufmachte, erblickte ich nicht mein Spiegelbild oder die Landschaft, sondern einen Totenschädel, der mir entgegenkam, größer wurde und direkt vor mir schwebte.

Im ersten Augenblick dachte ich, ich würde schlafen und träumen. Schnell drehte ich mich zu meiner Freundin, die tief und fest neben mir schlief, doch als ich dann wieder zum Fenster blickte, war der Totenschädel noch immer da. Völlig verwirrt sah ich mich im Bus um und entdeckte eine blonde Frau. Sie saß mir schräg gegenüber. Doch irgendetwas kam mir seltsam vor. Ihre Haare, sie veränderten sich. Sie nahmen immer wieder andere Formen an und schließlich bildeten sie einen Totenschädel. Nun war ich völlig verwirrt, doch, dann fiel mir all das ein, was mir zwischenzeitlich passiert war – eigentlich überraschte mich auch dieser Anblick nicht mehr … und das Ding verschwand.

Völlig verschlafen stiegen wir in den Zug. Ich erzählte meiner Freundin natürlich nicht, was ich zuvor erlebt hatte. Gott sei Dank, gestaltete sich die Bahnfahrt eher ruhig. Ich machte es mir auf meinem Sitz gemütlich.

Etwa eine Stunde bevor wir in Wien ankamen, geschah wieder etwas Sonderbares. Ich schloss meine Augen und trotzdem konnte ich durch mein geistiges Auge das ganze Zugabteil sehen. Doch meine Sicht verschob sich. Noch eben hatte eine alte Frau neben meiner Freundin gesessen und plötzlich verwandelte sie sich in den Tod.

Der Tod hielt in seiner rechten Hand einen Langstab aus Holz. Ein schwarzer, schwerer Umhang aus Wolle umfing seinen schmalen Körper. Eine tiefsitzende Kapuze verbarg sein Gesicht.

Er hob den Kopf und ich konnte seine stechenden grauen Augen erkennen.

Der Tod sah mich eindringlich an.

»Shani, vertraust du mir?«

Mir stockte der Atem.

Als ich die Frage nicht beantwortete, stellte er sie noch einmal.

»Shani, vertraust du mir?«

Ich wusste nicht, ob ich ihm vertrauen sollte oder nicht. Ich war verwirrt und natürlich auch skeptisch. Schnell rief ich mein Kraft- und Geisttier sowie ständigen Begleiter, den Bären.

»Bär, was soll das alles? Wer ist das? Kann ich ihm vertrauen? Er wirkt so eigenartig auf mich, arbeitet er für die hellen oder dunklen Mächte?«, sprudelte es aus mir heraus.

Langsam und ruhig kam der Bär auf mich zu. Dass er so gelassen mit der Situation umging, beruhigte mich. Mit seiner tiefen und männlichen Stimme antwortete er mir.

»Das hier ist der Tod. Er ist weder schlecht noch gut. Er IST und du hast Angst vor ihm. Mach ihn zu deinem Verbündeten und schenke ihm dein Vertrauen. Lass dich von ihm lehren. Er kann dir sehr viel beibringen. Vertraue dem Tod, vertraue dem Tod!« Die Stimme wurde leiser, bis sie erstarb. Auch der Bär war verschwunden.

Na gut, ich kann also diesem gruseligen Mann *vertrauen.*

»Tod, ich vertraue dir. Bitte lehre mich, wie ich keine Angst mehr vor dir habe und wie ich dich zu meinen Verbündeten machen kann.«

Der Tod nahm meine Hand und wir flogen aus dem Zug hinaus, immer höher in die hereinbrechende Nacht.

Es war nichts Ungewöhnliches für mich, dass sich mein Geist von meinem Körper trennte. Jedes Mal genoss ich den Augenblick, denn er brachte mir vielleicht wieder eine neue Lektion. Schwieriger gestaltete es sich, zurückzukommen in den eigenen

Körper und dann dieses Wissen auch zu leben, in mein Leben zu integrieren und es in ihm zu manifestieren.

Als wir über die verschwommene Landschaft flogen, beobachtete ich den Tod. Er wirkte geheimnisvoll auf mich. Obwohl ich ihn schon oft in meinem Leben auf andere Art getroffen hatte, wusste ich diesmal, dass er mir etwas schenken wollte. Das Leben wollte er mir schenken und ich spürte, wie sich meine Glieder mit neuer Kraft füllten – bereit für diese Lektion.

Ich richtete meinen Blick auf die Landschaft. Flüsse spiegelten silbern das Mondlicht wider. Städte leuchteten durch ihren geballten Aufwand an Elektrizität. Lange Zeit flogen wir über ein Meer, welches sich dunkelblau und tiefgründig unter uns bewegte. Irgendwann hörte ich die nahe Gischt am Felsen aufschlagen und wir näherten uns festem Land. Ich hatte die Vermutung, dass unsere sogenannte Reise in den USA endete.

Ein großer Berg lag vor uns, der wie ein alter Wächter vergangener Zeiten wirkte. Als wir auf ihm landeten, pirschten wir uns vorsichtig auf der Erde robbend weiter vorwärts. Wie zwei Jäger, die sich vorsichtig ihrer Beute näherten. Ein helles Leuchten erschien zwischen den vereinzelten Bäumen. Wir krochen weiter, bis wir den Ursprung des Scheins sahen. Eine Großstadt breitete sich vor uns aus. Verwundert blickte ich den Tod an.

»Wo sind wir hier?«

»Wir befinden uns in den USA, aber das tut nichts zur Sache. Ich will dir etwas zeigen«, antwortete er mir. Er stand auf und hob majestätisch die Arme.

Plötzlich wie aus dem Nichts zischten aus seinen Fingern mächtige Blitze. Sie schlugen in die Stadt ein. Ich sah das größte Inferno aller Zeiten. Ich konnte es kaum glauben, aber vor mir explodierte tatsächlich diese Millionenstadt durch Feuer und Lichtblitze. Häuser brannten und gingen in die Luft. Menschen schrien verzweifelt um Hilfe. Kinder weinten und starben in den Flammen. In Sekunden war alles zerstört, übrig blieben verkohlte Leichen, zertrümmerte Häuser und abgebrannte Schulen. Ein

Bild des Grauens. Ich verspürte tiefe Trauer und war vollkommen schockiert. *Warum? Warum mussten alle sterben?*

»Weil es ohne Tod kein Leben gibt, Shani. Sieh genau hin. Sieh, was passiert«, meinte der Tod und wies mit seinem langen, dürren Finger auf die zerstörte Stadt.

Sie hatte sich verändert. Das Feuer erlosch. Viele Jahre waren vergangen und die Stadt hatte sich in eine Ruine verwandelt. Aber auch diese Ruine verschwand langsam und war schließlich dem Erdboden gleich.

Der schwarze Boden wurde fruchtbar. Pflanzen gediehen und wuchsen in die Höhe. Tiere sammelten sich an und suchten nach Futterplätzen. Insekten flogen von Blume zu Blume, um den Nektar aufzunehmen. Ein Gefühl von Freude und Glückseligkeit, aber auch Dankbarkeit durchströmte meinen Körper und öffnete mein Herz. Ich konnte mit ansehen, wie die Tier- und Pflanzenwelt sich vermehrte. Immer wieder entstand neues Leben und das Alte starb, um dem Neuen Platz zu machen. Ein kosmisches Ereignis spielte sich vor meinen Augen ab.

Begeistert drehte ich mich zu Bruder Tod. »Ich verstehe, was du mich lehren willst. Tod gibt Leben. Wenn das Alte stirbt, kann das Neue entstehen. Wie diese Stadt, die zerstört wurde. Durch ihren Tod war es möglich, dass diese wundervolle Natur geboren wurde. Und es geht weiter. Neue Pflanzen können entstehen, ein neues Umfeld beginnt zu wachsen. Diese Erneuerung setzt eigentlich was in Bewegung. Tiere und Pflanzen vermehren sich, Generationen entstehen und sterben. Die Bewegung ist wie der Kreislauf von Tod und Wiedergeburt. Es ist ein Tanz, den man zulassen muss, erst dann kann man sich aus seiner Angst befreien.«

»Sehr gut, ich sehe, dass du verstanden hast. Wenn du noch weiter beobachtest, wirst du noch ein paar Dinge erkennen.«

Ich sah nun die vollkommene Natur mit all ihren Gaben und Früchten. Doch plötzlich veränderte sich die Umgebung. Zwischen den vielen Bäumen entdeckte ich ein kleines Haus. Aus einem wurden zwei Häuser, dann dre., dann vier. Zuerst konnte ich nur einen Menschen ausmachen, doch es wurden Hunderte, Tausende.

Die kleine Siedlung wuchs zu einem Dorf, wurde größer, bis sie zu einer nicht mehr übersehbaren Stadt wurde. Das ursprüngliche, ruhige Naturflair hatte sich in Großstadtchaos verändert.

»Und das Chaos gibt wieder Tod«, sagte mein Freund Tod. »Um es noch einmal ganz deutlich zu machen. Was ich dir hier gezeigt habe, waren kosmische Gesetze, die für jedes Lebewesen gelten.

Das erste Gesetz wäre somit: *Tod gibt Leben*. Das zweite lautet: *Leben gibt Wiedergeburt*. Die Pflanzen und Tiere entstanden wieder. Durch diese *Wiedergeburt gibt es Bewegung*, das dritte Gesetz.

Das vierte Gesetz ist, dass *die Bewegung Veränderung ergibt*. Das nächste Gesetz besagt: *Veränderung gibt Chaos*. Und das letzte, sechste Gesetz ist ...«

»... *Chaos gibt Tod*«, unterbrach ich ihn, glücklich darüber, einen neuen Freund gefunden zu haben, der mir so viel beigebracht hatte.

»Vertraust du mir jetzt, Shani?«, fragte Bruder Tod.

»Ja, ich vertraue DIR.«

◇ ◇ ◇

Katana telefonierte mit Shanis Mutter in Wien und überbrachte ihr die traurige Nachricht des Arztes, dass ihre Tochter im Sterben lag. Nachdem er das Telefonat beendet hatte, legte er nachdenklich und voller Sorge seine Stirn in Falten. So viele Dinge waren passiert und es tat ihm leid, was er Shani angetan hatte. Erschöpft ging er zurück in ihr Krankenzimmer und wollte den Rest der Nacht über sie wachen.

Aber was Katana nicht wußte: Der Tod war Shanis Verbündeter und sie vertraute ihm.

◇ ◇ ◇

Ich befand mich zwar in einem körperlichen Schwebezustand zwischen Leben und Tod, aber mein Geist flog tief in die andere Wirklichkeit und suchte nach Heilung.

Ich stand vor einer riesigen leeren Viehkoppel. Weit und breit war kein Tier zu sehen. Alles war friedlich. Die Sonne schien und ich hörte kleine Insekten, die sich auf der grünen saftigen Wiese tummelten und die Blumen bestäubten. Vögel zwitscherten. Keine Wolke war am Himmel zu sehen.

Innerhalb der Koppel sah ich in der Ferne eine große Holzscheune, deren schwere Türen verschlossen waren. Ich lehnte mich gegen den Holzzaun, der die Koppel umschloss, und beobachtete die Natur. Die Luft war frisch und klar. Ich schloss die Augen, wandte mein Gesicht der Sonne zu und sog ihre warmen Strahlen ein. Eine Weile stand ich einfach nur da und genoss die entspannte Szene.

Ich lächelte. Bis jemand mir auf die Schulter klopfte.

Überrascht öffnete ich die Augen und drehte mich um. Ein eindrucksvoller Massai-Krieger stand vor mir. Er hatte einen glänzenden kahlen Kopf und trug traditionellen Ohrschmuck. Die für Massai typischen roten Tücher umhüllten seinen athletischen schmalen und langen Körper. In seiner linken Hand hielt er einen Wurfspeer und in seiner rechten eine Keule.

»Kangaga«, sprach er mich an, »wir haben nicht mehr viel Zeit. Aber hab keine Angst! Wir werden dir helfen! Gleich wird etwas auf dich zukommen, das dich zerstören will. Aber du bist nicht allein, kleine Kriegerin.«

Augenblicklich wurde ich hellwach und mein ganzer Körper spannte sich an. Der Massai-Krieger deutete auf die Scheune und zeigte mir mit seiner Geste an, dass ich dahin blicken sollte.

Plötzlich zerbarsten die Türen der Scheune und ein überdimensionaler schwarzer Stier mit rot glühenden Augen und unglaublich langen Hörnern sprang heraus. Mit ungeheurer Geschwindigkeit rannte und wütete er über die Koppel geradewegs auf uns zu.

»Folge mir, *Kangaga!*«, schrie der Massai-Krieger. »Los, renne! Renne! Lauf um dein Leben!«

Ich zögerte keine Sekunde und rannte ihm hinterher. Ich wusste, es ging hier um Leben und Tod. Um mein Leben.

Der Massai war schnell, aber ich konnte ihm mühelos folgen. Wir kamen in ein kleines Dorf, in dem vereinzelt ein paar Lehmhütten standen. Keine Menschenseele war zu sehen. Wir konnten uns einen kleinen Vorsprung verschaffen, aber ich spürte immer noch die Gefahr in meinem Nacken.

Der Massai bog um eine Ecke und blieb abrupt in der Mitte einer breiten langen Straße stehen. Ich stieß beinahe mit ihm zusammen. Vor uns war ein riesiges Loch in der teils sandigen Erde zu sehen. Darin befanden sich zwei weitere Massai-Krieger. Auch sie waren schwer bewaffnet und in ihrem Blick zeigte sich Entschlossenheit.

»*Kangaga!*«, riefen sie. »Wir werden dir helfen, den schwarzen Stier zu fangen und zu töten. Aber wir haben nicht viel Zeit. Schnell! Stell dich vor die Grube und lass den Stier auf dich zurennen. Es ist eine Falle! Im letzten Moment musst du zur Seite springen. Wir kämpfen zusammen!«

Der Stier bog um die Ecke und ich sah, wie er sich uns in mächtigem Tempo näherte. Immer näher und näher wütete er heran. Wie angewurzelt blieb ich vor der Falle stehen und starrte dem riesigen und kräftigen Tier entgegen. Ich nahm nur mehr dieses wilde schwarze Ungetüm wahr und blickte direkt in seine rot glühenden, Unheil bringenden Augen. Ich presste meinen Kiefer zusammen. Die Muskeln meines gesamten Körpers waren bis aufs Äußerste gespannt. Mein Herz schlug immer schneller. Ich hörte das laute Schnauben und Stampfen des Stieres, das immer stärker wurde, je näher er kam. Mein Mund wurde trocken und ich atmete schnell. Meine Hände wurden kalt und begannen an den Innenseiten zu schwitzen.

Nur mehr ein paar Meter und der Stier würde mich mit seinen gefährlichen Hörnern aufspießen.

Doch das geschah nicht.

In der allerletzten Sekunde, bevor er mich töten konnte, sprang ich mit einem gewaltigen Satz zur Seite und der Stier fiel ungebremst in die Grube.

Die zwei Massai-Krieger, die hier auf ihn gewartet hatten, sprangen auf das Tier und stachen ihre Speere hinein. Der Stier wehrte sich heftig und trockene Erde wurde aufgewirbelt. Die massigen Hörner spießten einen Massai-Krieger auf, der vor Schmerz aufschrie.

Ich blickte den Massai-Krieger besorgt an, der neben mir stand und mit mir die Szene beobachtete.

»*Kangaga*, du musst nichts tun«, sagte er. »Deine Brüder kämpfen für dich. Du warst mutig und hast den Stier in die Falle gelockt. Sie werden es schaffen, du wirst sehen.«

Der eindrucksvolle Krieger sprach voller Zuversicht. Und tatsächlich: Der Stier brach zusammen und blieb reglos auf der Erde liegen. Mehrere Speere durchbohrten seinen massigen Leib, hatten das Tier tödlich verwundet. Überall konnte ich sehen, wie Blut in Rinnsalen in die Erde floss.

Ich atmete auf. Die Gefahr war gebannt. Selbst der verletzte Massai erhob sich. Sein Waffenbruder stützte ihn, sodass er aus der Grube herauskam.

»*Kangaga*«, sprach der Massai-Krieger, der mich zur Grube begleitet hatte, neben mir, »du bist wieder gesund. Der Stier war deine Krankheit und nun ist er tot, aber es werden andere Kämpfe kommen, denen du dich stellen musst. Der Gehörnte wird wieder auferstehen und wachsen und dich erneut prüfen. Vergiss nicht, dass du niemals alleine bist.«

Voller Dankbarkeit kniete ich mich vor diesem starken Krieger hin. Demütig nahm ich seinen Segen entgegen. Er segnete meinen Kopf und meine Hände.

Ich erwachte in meinem Bett im Krankenhaus. Die Sonne schien durch das Fenster und tauchte das Zimmer in warmes Licht. Katana hatte die Nacht neben mir auf seinem Stuhl gelegen. Auch er wurde gerade wach. Meine Augen konnten wieder deutlich sehen und auch die Ödeme waren verschwunden. Ich hatte die Nacht überlebt. Der böse Stier in mir war besiegt.

Mein Körper war vollständig geheilt und die Malaria für alle Zeiten überwunden.

Gerade als der Arzt zur Tür reinkam, war ich schon aufgestanden und zog meine Alltagskleidung an. Überrascht sah mich der Arzt an und öffnete verblüfft den Mund. Ich reichte ihm lediglich dankend die Hand und registrierte, dass er mich immer noch verdutzt und verdattert von oben bis unten musterte.

So eine Wunderheilung hatte er sein Lebtag noch niemals gesehen. Er konnte es nicht glauben, dass ich die Nacht überlebt hatte und nun vollständig genesen vor ihm stand. Ich lächelte den verdutzten Arzt an und verließ das Zimmer. Ich wollte keine Sekunde länger mehr im Krankenhaus verbringen.

Die Geburt der Schlangenfrau

Ich hatte meinen Schmerz überwunden und vorerst Ruhe vor dem Gehörten. Mama Fatuma war es, zu der ich zurück in den Busch ging.

»*Kangaga!*«, rief sie freudig und umarmte mich. »Schön, dass du wieder da bist. Wie ich sehe, bist du wieder gesund! Wir müssen deinen Körper dennoch etwas stärken, du bist sehr dünn geworden!«

»Ja, ich bin auch froh, dass es vorbei ist.« Ich nickte und begrüßte Mama Fatuma auf respektvolle traditionelle Weise, indem ich mich vor sie hinkniete und ihr die rechte Hand reichte.

Sie segnete in dieser Position meinen Kopf mit der linken Hand. »Du bist nun bereit für die letzte Zeremonie deiner Initiation. Ich kann dir nichts mehr beibringen. Du bist bereit für den Weg einer Medizinfrau.« Voller Stolz blickte mich Mama Fatuma an. Ich strahlte über das ganze Gesicht und freute mich auf meine letzte Zeremonie.

Gerade mal zwei Tage nachdem ich beinahe gestorben war, taten sich die Ältesten und Medizinleute in den Morgenstunden zusammen, um mich durch die letzte Tür zu führen. Monatelang hatte ich mich auf diesen Tag vorbereitet. So viel war passiert und ich hatte viele Hürden überwunden.

Kurz vor der Zeremonie übergab mir Mama Fatuma ein spezielles blaues Tuch, das an den Rändern mit schwarzen, weißen und roten Perlenfransen bestickt war, das ich mir um meine Schultern legte und vorne mit einer Sicherheitsnadel fixierte. Mit diesem Kleidungsstück wurde ich als angehende Medizinfrau geehrt. Deshalb fühlte ich mich bereits vor der Zeremonie unendlich respektiert.

Ich hatte mich für die Zeremonie schon umgezogen und trug meine traditionelle Kleidung. Ein schwarzes Tuch bedeckte unterhalb des genannten blauen meine Brust und ein rotes Tuch wickelte ich mir um die Hüften. Außerdem hingen meine bunten Perlenketten, die mir zum Schutz dienten, quer über der Brust.

»*Kangaga*, nur hohe Medizinleute dürfen so ein Schultertuch tragen und du bist eine davon. Bevor die Zeremonie nun beginnt, möchte ich dir ein paar Dinge sagen.« Wieder fühlte ich mich sehr geehrt und respektiert.

Mama Fatuma führte mich in ihr Zimmer. Wir setzten uns auf ihr Bett und sie fuhr in ernstem Ton fort: »Ich werde dich zurück nach Europa schicken!«

Verwirrt blickte ich sie an. »Aber warum denn? Ich möchte hier im Busch bleiben. Ich möchte noch so vieles lernen und hier kann ich das machen, was ich kann und will. In Europa ist so was nur schwer möglich!«

Mama Fatuma nahm meine rechte Hand in die ihre und lächelte mich sanft an. »Ich weiß, dass du gerne hierbleiben möchtest, aber du hast andere Aufgaben erhalten. Du wirst in Europa in den Norden ziehen. Dort werden sehr viele Menschen zu dir kommen und sie werden deine Hilfe brauchen. Du hast die Erlaubnis, von deiner Erfahrung hier zu berichten. Ich habe gesehen, dass du alles aufgeschrieben hast, was du erlebt hast. Du darfst es teilen. Ein paar Dinge müssen geheim bleiben, aber den Rest darfst du erzählen. Dein Wissen wird vielen Menschen helfen. Auch uns, den traditionellen Leuten, wird es helfen. Denn, weißt du, die Zeiten haben sich geändert. Die jungen Leute wollen dieses Wissen nicht mehr erhalten und weitergeben. Viel altes Wissen geht dadurch verloren. Du bist die Jüngste hier von uns allen und du hast das alte Wissen empfangen. Du wolltest es so sehr, obwohl du nicht hier aufgewachsen bist. Mag sein, dass du deinen leiblichen Vater niemals kennengelernt hast. Aber du hast sein Erbe erhalten. Du bist reich. Reich an Wissen, das geteilt werden kann und muss. Dein Stern leuchtet hell, *Kangaga*! Egal, was in der Zukunft passiert, wir werden immer in Kontakt bleiben. Ich werde in deine Träume kommen und immer nach dir sehen. Falls du Probleme hast, werden dich die Spirits immer begleiten und du wirst die richtigen Menschen treffen, die dir helfen werden voranzukommen.«

Mama Fatuma drückte kurz meine Hand und ließ sie dann los. Ich wurde plötzlich traurig, da ich nun wusste, dass ich weiterziehen musste.

»Sei nicht traurig, *Kangaga*, alles hat einen Sinn. Du wirst sehen. Konzentriere dich nun auf deine Zeremonie. Die Spirits werden dich prüfen. Falls du die Prüfung nicht bestehst, wird dir ein Teil deiner Kraft genommen. Aber ich bin zuversichtlich, dass du es schaffen wirst!«

Mit gemischten Gefühlen sah ich Mama Fatuma an. Mir war nicht klar gewesen, dass die Prüfung auch den Verlust meiner Kraft kosten könnte. Mein Herz fing an, schneller zu schlagen und Aufregung machte sich in mir breit. Dann verließ Mama Fatuma das Zimmer und ich blieb alleine mit all meinen Sorgen zurück.

War ich bereit?

Zwei traditionelle Medizinfrauen betraten schweigend den Raum und legten ein großes blaues Tuch um meinen Kopf, sodass ich nichts mehr sehen konnte. Ich hakte mich bei ihnen ein, damit sie mich zum Zeremonialplatz führen konnten. Dort fingen die anderen Medizinleute an, ihre Lieder zu singen und so die Ahnen anzurufen.

Ich atmete einmal tief durch unter meinem Tuch und war froh, dass mich keiner sah und ich auch nicht die vielen Menschen sehen musste, die zu meiner Zeremonie gekommen waren. Mein Kopf war wie leer gefegt und ich konzentrierte mich nur mehr auf die Geräusche der traditionellen Rasseln und auf den Gesang.

Ich wurde auf einen kleinen Holzschemel in die Mitte des Geschehens gesetzt und fiel augenblicklich in Trance.

Ein schmaler Pfad aus gleißendem Licht erschien und ich folgte ihm. Meine Angst war gewichen und ich spürte Gelassenheit, als mich die heiligen Gesänge immer weiter vorantrieben.

Am Ende des Pfades erblickte ich einen See, in dessen Mitte sich eine kleine Insel befand. Ein Boot lag im Wasser am Ufer und ich setzte mich hinein und wartete.

Kurze Zeit später fing das Boot von selbst an, langsam Richtung Insel zu gleiten. Als ich am anderen Ufer ankam, stieg ich aus und sah mich um.

Ich befand mich nicht mehr in Afrika, sondern hatte das Tor zur anderen Wirklichkeit durchschritten.

Eine grüne saftige Wiese bedeckte den Boden. Die Sonne leuchtete durch reife Obstbäume und nicht allzu weit befanden sich zwei Steinhäuser. Aus dem Schornstein des einen Hauses traten kleine Rauchwolken. Das gegenüberliegende Haus war etwas länglicher, aber beide Häuser besaßen keine Fenster.

Kein Mensch war zu sehen und auch keine Tiere. Ich schritt auf die Häuser zu.

»Hallo? Ist da jemand?«, rief ich laut.

Ich hörte ein leises Geräusch, das aus dem länglichen Steinhaus kam. Vor der massigen Holztür blieb ich stehen und klopfte vorsichtig. Wieder hörte ich ein leises Geräusch und nun plötzlich rief mich eine junge Frauenstimme herein.

Ich öffnete die Tür und trat ein. Vereinzelt leuchteten Kerzen und meine Augen mussten sich zunächst an den dunklen Raum gewöhnen. Ich erkannte nur Umrisse, aus denen sich allmählich mehrere Frauengestalten lösten.

»Shani!«, sprach eine der Frauen. »Wir heißen dich willkommen, hier in unserer Mitte! Tritt näher. Wir wissen, wer du bist und warum du hier bist.«

Vor mir saß eine Gruppe von fünfzehn weißen Frauen auf dem Boden in einem Kreis. Alle waren unterschiedlich alt und trugen einfache weiße Gewänder. Unter ihnen waren Frauen, die ihre langen Haare teils offen, teils zu Zöpfen gebunden trugen. Alle lächelten sie mich an und winkten mich näher zu sich.

»Wir nehmen dich in den heiligen Kreis unserer Schwesternschaft auf. Wir sind weise Frauen von überall her. Jede von uns hat ihre eigene Geschichte. Dies hier ist ein heiliger Ort, an den du jederzeit kommen darfst.«

Eine Frau, die älter erschien als der Rest der Frauen, deutete auf einen freien Platz neben sich. Ich ging auf sie zu und setzte mich.

»Shani«, sprach die Älteste und deutete auf den Kreis der Frauen, »du siehst, dass wir alle unterschiedlich alt sind. Aber dieser Ort hier ist zeitlos. Es ist ein Ort der Ruhe. Ein Ort des Wissens und der Heilung. Nur wenige kommen hierher und finden den Weg zu uns. Du bist dem heiligen Pfad gefolgt und hier angekommen. Nun ist die Zeit gekommen und du bekommst deine Medizin, die du mit dem Rest der Welten teilen wirst.«

Eine der Frauen zündete feierlich eine Kerze in der Mitte des Kreises an.

»Shani, du bist eine heilige Kriegerin. Du bist eine Schlangenfrau. Ich erzähle dir von deiner Medizin!«, fuhr die Älteste fort und ich hörte ihr andächtig zu.

»Wer auf die Schlangenfrau trifft, kann gewiss sein, dass sich sein oder ihr Leben verändern wird. Vielleicht sind es nur kleine Veränderungen, vielleicht kommt die große Verwandlung. Wohlwollend und liebevoll blickt die Schlangenfrau dich an. Sie sieht und erkennt dich. Blitzschnell kann sie dich aber auch beißen und ihr Biss wird das Alte sterben lassen, damit das Neue entstehen kann. Das ist manchmal kein angenehmer Prozess.«

Die alte Frau kicherte in sich hinein.

»Die Kraft der Schlangenfrau ist nicht immer einfach zu verstehen. Sie selbst erfuhr ihre eigenen Initiationen und ging in ihrem Leben durch viele Schlangenbisse, die sie vollkommen transformierten. Sie verdaute jegliches Gift, jegliche Erfahrung in ihrem Leben auf der körperlichen, emotionalen, geistigen und seelischen Ebene. Die Schlangenfrau lehrt dich, dass, egal, welch schmerzhafte Erfahrungen du in deinem Leben gemacht hast, diese *verdaut* werden können und du die darin liegende Erkenntnis in deinem Alltag integrieren kannst.

Dieser Prozess des Verdauens bringt meist viel Unverständnis und Selbstzweifel hervor. Manchmal wirst du dastehen und dich fragen, was das alles soll. Du wirst den Sinn nicht verstehen und erkennen können. Du wirst dich fragen: *Warum ich? Warum passiert mir das? Warum haben die anderen dies oder jenes und ich nicht? Was hat das alles für einen Sinn? Ich kann das nicht! Ich schaffe das nicht!«*

Amüsiert und dennoch sanft sprach die Älteste die letzten Worte. Auch die anderen Frauen nickten. Sie wussten alle um den Prozess.

»Die Schlangenfrau ist eine Heilerin und Lehrerin. Ihre Medizin wird dich fordern und es wird dir mitunter nicht immer gefallen. Du musst mutig sein, wenn du auf eine Schlangenfrau triffst. Sie weiß, dass das nicht einfach für dich ist und sein wird, aber hab keine Angst. Denn wenn du durch den Prozess gehst, wirst du am Ende belohnt und ein neuer Raum öffnet sich. Du wirst belohnt mit Wissen und Erkenntnis, mit Weisheit, Liebe und Freiheit.

Wie gesagt, der Weg dahin kann schwierig und herausfordernd sein. Vielleicht wird er dir nicht gefallen. Vielleicht ist es nicht der Weg, den du ursprünglich gehen wolltest oder den du dir vorgestellt hast. Am Ende jedoch wirst du dem Ganzen einen Sinn geben und es wird gut sein. Alles wird gut sein. Und dann ist alles gut – für dich.

So wie sich die Schlangenfrau häutet, wirst auch du deine alte Haut ablegen, wenn diese zu eng geworden ist. Du wirst weinen, durch Schmerz, Trauer oder Wut und Verzweiflung gehen. Menschen werden sich vielleicht von dir abwenden und du wirst alleine dastehen.

Aber dann passiert etwas. Die Schlangenfrau wird dich in der dunkelsten Stunde an deine Kraft und an deine Macht erinnern. Man kann dir alles wegnehmen, aber was in deinem Inneren schlummert – deine Kraft – wird dir keiner entreißen können. Niemals! Vergiss diese Worte nicht! Niemals!«

Die Älteste hatte gesprochen. Alle waren still und ich hörte meinen eigenen ruhigen Atem.

»Die Schlangenfrau«, begann ich ihre Worte zu wiederholen, »kann jegliches Gift, jegliche Erfahrung einfach verdauen und die daraus gewonnene Erkenntnis in ihr Leben integrieren.«

Die Älteste nickte mir wohlwollend zu.

Dann verkündete sie laut und klar: »Shani *Kangaga*, du bist die Schlangenfrau. Dies ist deine Medizin.«

Epilog

Meine letzte Initiationszeremonie dauerte einen Tag und eine Nacht. Ich war während der ganzen Zeremonie in tiefer Trance, traf die Schwesternschaft und bestand meine Prüfung. Mein Geschenk war meine Medizin. Ich war die Schlangenfrau.

Ich hatte eine Aufgabe erhalten, auch wenn ich nicht genau wusste, wie diese aussehen und wie ich sie erfüllen sollte. Katanas und mein Weg trennten sich und ich kehrte nach Europa zurück, zog in den Norden, so wie es mir meine Lehrerin vorausgesagt hatte.

Ich wusste, dass ich erst am Anfang stand, aber ich begab mich auf den weiteren Weg meiner Lebensreise.

Bis heute weiß ich nicht, wer mein leiblicher Vater ist und ob er Medizinmann war oder nicht. Aber das ist für mich unwichtig geworden. Ich erhielt von Mama Afrika mehr, als ich es mir je erträumt hätte.

Noch heute träume ich von den Spirits. Das ist ihre Art, die Menschen, und somit auch mich, zu lehren. Mittlerweile bin ich dankbar für die Gaben, mit denen ich seit meiner Geburt beschenkt bin. Sie sind weder Last noch Leid. Sie sind der Reichtum meiner Existenz und dienen dazu, anderen Menschen zu helfen. Niemand nennt mich mehr – wie zu Beginn meiner Medizinfrau-Ausbildung in Afrika – *mzungu*, eine *Weiße*. Denn sie sehen, dass ich eine von ihnen bin. Sie haben es zugelassen, mich als eine von ihnen anzusehen. Eine alte Frau hatte es schön ausgedrückt: *Blut ist stärker als Wasser*. Ich habe schwarzes Blut in mir. Ich bin eine Tochter von Mama Afrika.

Mein traditioneller afrikanischer Name ist *Kangaga*. Mama Fatuma nannte mich so, weil ich ihre *Drittgeborene* war. Vor mir hatte sie zwei andere Schülerinnen gehabt. Mit dem Namen *Drittgeborene* versicherte sie sich der Tatsache, dass ich Kontakt zu den Ahnen habe. Er symbolisiert aber auch, dass ich fähig bin, hinter die Masken der Menschen zu sehen.

Meine Mutter in Wien weiß das. Mama Fatuma weiß das. Und mein Vater, wo auch immer er sein möge, weiß das.

Erst viele Jahre später begriff ich das Ausmaß an Wissen und Weisheit, das ich damals in Afrika erfahren durfte. Und heute weiß ich, dass ich noch immer nichts weiss. Aber ich bin stark und trage meine Medizin in meinem Herzen.

Und dieses Buch ist mein Geschenk an Euch. Vielen Dank an meine Liebsten: meine Kinder und all die Menschen, die mich auf meiner Reise begleiten und begleitet haben.

Für all meine Ahnen und Verwandten.

Shani Kangaga wurde 1977 als Kind einer Slowenin in Österreich geboren und wuchs in Wien auf. Als junge Frau zog sie nach Afrika, um neben ihren europäischen auch ihre afrikanischen Wurzeln zu entdecken. In Kenia lebte sie bei dem Stamm der *Mijikenda* und durchlief dort die traditionelle Initiation zur Medizinfrau. Die Gemeinschaft der Medizinleute vertraute ihr besonderes und teilweise geheimes Wissen an.

Schließlich zog sie nach Deutschland und studierte an der Universität Hamburg. Als Ethnologin, Beraterin und Mutter zweier Söhne lebt sie in Hamburg. Mit ihrem Debütroman »Die Schlangenfrau« beschreibt sie ihr traditionelles Leben in Kenia und ihren Weg zur Medizinfrau - eine Geschichte voller Magie und Abenteuer.

»Die Schlangenfrau« beruht auf wahren Begebenheiten, die darin erwähnten Personen existieren. Zum Schutz der Persönlichkeitsrechte wurden einige Namen der handelnden Personen geändert. Übereinstimmungen oder Ähnlichkeiten mit weiteren realen Personen sind zufällig und unbeabsichtigt.